Lebensart genießen

im Stiftland

1. Auflage, Oktober 2023
ISBN 978-3-9818551-2-8

Titelbild: Kappl-Torte, gestaltet von Christine Bergmayer (Die Zuckerbäckerin), Regensburg;
Glasteller: Glashütte Lamberts, Waldsassen; Foto: Holger Riegel, Regensburg.

Lebensart genießen
im Stiftland

Herausgegeben
von Oliver van Essenberg

Essen Trinken Ausgehen
Ausstattung Design Architektur
Kunst Kultur Natur

selekt

Die Waldnaab schlängelt sich harmonisch durch Felder und Auen, hier bei der Teichpfanne Tirschenreuth

Editorial

„Lebensart genießen“ ist eine Buchreihe, die die lebens- und liebenswerten Facetten einer Region vorstellt. Ein Buch über beinahe alles, was gut und schön ist, und davon gibt es in der Ferienregion Stiftland jede Menge. Das Konzept der Reihe, die 2010 mit einem Band über die Region Bamberg startete, ist einzigartig. „Lebensart genießen“ ist keine Werbebroschüre, die mit hochanimativen Bildern und Botschaften Gäste anlocken möchte. Kein klassischer Reiseführer, der touristische Ziele vorstellt und aus der Sicht eines Autors bewertet. Kein bloßes Heimatbuch. Aber es hat von allem etwas. „Lebensart genießen“ soll alte und neue Freunde des Stiftlandes, ob Einheimische, Zugezogene, Rückkehrer, Reingschmeckte oder Stammgäste animieren, die kleinen und großen Besonderheiten dieser Region (noch besser) schätzen zu lernen. Der Bogen reicht von Kulinarik und Handwerk über die schönen Künste bis zu Ausflügen ins Grüne. Zum einen stellen wir in diesem Zusammenhang Adressen vor, die aufgrund ihres Angebots, ihrer Atmosphäre und des Know-hows der Inhaber einen Besuch lohnen. Zum anderen vermitteln die Autoren in Hintergrundbeiträgen, die thematisch mit den Empfehlungen verknüpft sind, ein gutes Stück Kulturgeschichte. Auf diese Weise kristallisieren sich Lebensstile und Episoden heraus, die das Stiftland unverwechselbar machen: als eine Region, in der sich Lebensart wunderbar genießen lässt. Das historische Stiftland und die heutige Ferienregion Stiftland sind dabei mit wenigen Ausnahmen – zum Beispiel den Orten Schönkirch, Wildenau und Plößberg, die nicht zum historischen Stiftland gehörten – identisch.

Mein Dank gilt dem Kooperationspartner IKom Stiftland und den im Buch vorgestellten Betrieben, die die Veröffentlichung ideell und finanziell unterstützt haben, sowie allen Ratgebern und Autoren, die bei der Auswahl und Ausgestaltung der zahlreichen Themenaspekte mitgewirkt haben, damit ein rundes Gesamtbild entsteht.
Und jetzt: eine Appetit anregende Lektüre!

Dr. Oliver van Essenberg, Herausgeber
Herbst 2023

Inhalt

Traditionsunternehmen und „hidden champions" – Zur Industriegeschichte (im Bild: Glashütte Lamberts), S. 82

Natürlich von hier – Die Öko-Modellregion Stiftland, S. 20

Bodenständig und fein – Die Küche im Stiftland, S. 40

Individuelles Handwerk (im Bild: Kanne von Brigitte Breusch-Veittinger), S. 102

Faszinierende Zeit- und Themenreise – Der Museumsverbund das zwoelfer (im Bild: Geschichtspark Bärnau-Tachov), S. 141

Das Kulturzentrum des Stiftlandes – Basilika und Kloster Waldsassen, S. 124

Kunst
Kultur
Natur

Schwammerzeit“, das ist die Zeit, in der ich am liebsten im Stiftland unterwegs bin. Denn beim Schwammern in den unendlichen Wäldern der nördlichen Oberpfalz breitet sich in mir ein ganz besonderes Gefühl aus. Es sind die alten, mündlich überlieferten Plätze meines Großvaters, an denen ich gerne bin. Auf der Suche nach Rotkappen, Steinpilzen und Maronen. Schwammerplätze, das sind Orte wie aus einer anderen Zeit: „Am grodn Wech“ – „Auf da Halingkirchn“ – „Auf da Waiha“ oder „Am Schnöllerer“. Orte meiner Kindheit.
Ich rieche direkt das Moos und die frische Herbstluft beim Schreiben.

Das Gefühl der Unendlichkeit ist groß in der nördlichen Oberpfalz. Man kann stundenlang durch die Wälder streifen, im „Wernerschreither“- oder „Alwareither Wold“. Früher musste man aufpassen, dass man nicht versehentlich über die Grenze nach Tschechien schwammert. Das ist mir mit meinem Vater fast einmal passiert. Vor der Öffnung des Eisernen Vorhangs. Wir sahen in der Ferne einen Bauernhof im Sonnenlicht blitzen und dachten, es sei die erste Siedlung in Tschechien, nach der Grenze. Beim Näherkommen stellte sich heraus, dass es Egerteich war, ein Oberpfälzer Dorf, vor der Grenze.

Das Stiftland, so wurde ursprünglich das Gebiet rund um das Kloster Waldsassen bezeichnet, ist eine von Zisterziensern geprägte Landschaft. Und wenn man im Wald unterwegs ist, findet man überall Spuren dieser Siedlungsgeschichte. Alte, moosüberwucherte Grenzsteine oder Reste des sogenannten „Eselsgrabens“. Angeblich erhielt der Mönch Gerwig vom Markgraf Diepold so viel Land, wie er an einem Tag mit seinem Esel umreiten konnte. Das Kloster wurde dann 1133 wegen des Fischreichtums im Wondrebtal gegründet. Ganz schön lang her. Das ist die Gründungslegende von Waldsassen, so hat sie mir mein Lehrer Josef Reindl beigebracht, damals in der Grundschule. Auch schon eine Weile her.

Heimfahren zum Mittelpunkt Europas

Aufgewachsen bin ich in Waldsassen. Damals sagte man immer, es sei das Ende der Welt, heute wähnt man sich gerne am Mittelpunkt Europas. Der Pfad dorthin ist übrigens auch eine schöne Wanderung an der Grenze bei Neualbenreuth entlang. Jetzt lebe ich seit Jahrzehnten in Augsburg, dort ist meine Familie, aber wann immer es die Zeit zulässt, fahre ich heim. Quasi zurück ins erste Daheim. Meine Mutter hütet dort das Haus meiner Kindheit.

„Heimfahren“ erlaubt mir auch manchmal mein Beruf. Ich bin Filmemacher beim Bayerischen Fernsehen. Wenn ich eine erzählenswerte Geschichte finde, bin ich mit meinem Team im Stiftland unterwegs. Meine Redakteurin versteht dann immer nicht recht, was sie sagen, die Leute, im Interview. Denn wenn ich die Fragen im Dialekt stelle, kommt die Antwort auch im Dialekt zurück. Unverfälscht, ohne „Fernsehoberpfälzerisch“.
Der „Bou aus der Oberpfalz“ werde ich in der Münchner Redakti-

Das Stiftland

Schwammern,
Raspa, Eselsgraben

von Jürgen Neumann

on gerne genannt. Und: „Man kriegt den Boum aus der Oberpfalz, aber die Oberpfalz nicht aus dem Boum!“, hat einmal meine Redakteurin über mich geschrieben. Das gefällt mir eigentlich ganz gut.

Auf der Panzen, das erste Biergartenkindheitserlebnis

Die Panzen, ein Wirtshaus bei Neusorg, unweit von Waldsassen. 1931 hat Andreas Giehl dort eine Gartenwirtschaft eröffnet. Dort gab es jeden Sonntag Butterbrot und Bier im Steinkrug. Mein Großvater war in seiner Jugend oft Gast – und ich später mit ihm. Meine erste Erinnerung an einen Biergarten. Da gab es einen Getränkeausschank. Ein kleines Guckfenster. Und der Wirt von der Panzen gab uns Kindern Raspa.
Raspa bedeutet: „Rein aus Spanischen Apfelsinen“ oder so ähnlich. Das Getränk wurde vor kurzem mit einem neuen, alten Etikett wieder auf den Markt gebracht. Abgefüllt wird Raspa aber inzwischen leider nicht mehr in Kondrau, sondern im nahen Oberfranken. Süß schmeckt es noch immer.

Zoigl und a Sulz und Schweinebraten mit Schpouzn und Blaukraut

Das Gasthaus Frank in Bad Neualbenreuth – besser bekannt unter dem schönen und zugleich rätselhaften Namen „Zum Irrgang“ gibt es leider nicht mehr. Über Justine Frank, die Wirtin, durfte ich einmal ein Porträt drehen. Ihre bescheidene Art und die Geschichten von früher, als noch Salz und Zichorie-Kaffee über die Grenze „gepascht“ wurden, vergesse ich nie. Die Musikanten, die jeden Sonntag ins Wirtshaus kamen und mit der Teufelsgeige aufspielten auch nicht. Egerländer- und Oberpfälzer Lieder. Musik im Wirtshaus findet man heutzutage nicht mehr so oft, dafür klingt sie in glücklichen Augenblicken umso schöner.

Natur – herb, karg und mächtig – gibt es in der Region genug: Schwimmen auf der Kipp, am Wiesauer Meer – den ehemaligen Tongruben – oder Wandern im wildromantischen Waldnaabtal, am „Butterfaß“ oder dem „Kammerwagen“ vorbei. In der Oberpfalz tragen die Felsformationen Namen; von längst vergessenen Begriffen. Wer weiß denn noch, was ein „Kammerwagen“ ist? Die aufgetürmten Granitausstülpungen erinnern an Bettwäsche, die früher am Hochzeitstag vom Hof der Braut auf einem Wagen mitsamt der Aussteuer zum Hof des Bräutigams gefahren wurde. Und hinten angebunden war oft noch eine Kuh als Geschenk. Eine Steinkuh sucht man aber im Waldnaabtal vergebens.

Das Stiftland wird nicht nur durch seine beeindruckenden Landschaften und noch unverbauten Ortschaften geprägt. Es sind vor allem die Menschen, Klosteruntertanen von einst, dann tüchtige Fabrikarbeiter/innen in den Ziegelwerken und Porzellanfabriken, die der Region den besonderen Charakter verleihen. Der sprichwörtliche Porzellinerstolz steckt heute noch in vielen drin. Man arbeitete zwar in einer Fabrik, doch das Malerpersonal kam im Anzug und Krawatte und im weißen Kittel. Das macht was mit den Leuten. Stolz sind sie immer noch, vor allem auf ihre Landschaft und das Zoigl-Bier. Wer einmal beim „Kramer“ in Falkenberg

Die Kappl auf dem Glasberg: ein Wahrzeichen des Stiftlands. Die Wallfahrtskirche ist ein barockes Juwel mit drei markanten Türmen.

gesessen ist, in der kleinen einfachen Zoiglstubn, der versteht schnell, warum Zoigl inzwischen fast kultisch verehrt wird. Meist ist es da brechend voll, aber wer mittags hingeht, findet ein Plätzchen.

Das Verschwinden des Ungeraden oder „Wasserwaage statt Augenmaß“

Das Wasserrad an der Blockhütte im Waldnaabtal.
Welcher Stiftländer hat hier nicht schon mal als Kind gepritschelt?

„Wasserwaage statt Augenmaß“, ein Spruch meiner Schwester Susanne, Künstlerin. Der Spruch hat auch mit der Oberpfalz zu tun. So richtig vertraut man nämlich der eigenen Erfahrung, dem Schönheitssinn, der aus der Einfachheit und Kargheit der Region entwachsen ist, dem Althergebrachten oft nicht mehr. Da wird schon mal eine schön geschwungene Waldstraße begradigt, das alte Bauernhaus bekommt eine saubere, abwaschbare Plastiktüre und das Wirtshaus, eine neue alpenländische Eckbankgarnitur. Zwar regional und nachhaltig vom örtlichen Schreiner, aber eben computergefräßt. Trotzdem findet man sie noch, die liebevoll restaurierten Egerländer Fachwerkhäuser – in Bad Neualbenreuth zum Beispiel.

Die Waiha und die Kappl, magische Orte der Kindheit

Ein Ort, an den es mich immer wieder magisch hinzieht, ist die „Waiha“, eine alte Stauwehranlage an der Wondreb. Dort leiteten die Zisterziensermönche das Wasser in den Mühlgraben, um ihre Klostermühle im nahen Waldsassen zu betreiben. „Auf der Waiha“, habe ich mit 13 Jahren begonnen, kleine Super-8 Filme mit meinen Freunden zu drehen.
Der Platz ist Filmlocation und Inspirationsort. Wenn ich da sitze, fühle ich mich den Gründervätern des Stiftlands am nächsten. Mit Einfallsreichtum und harter Arbeit gelang es den Mönchen im Mittelalter, in der nördlichsten Oberpfalz das Land zu bestellen und zu kultivieren. Orte die auf „reuth“ enden, zeugen von ihrer Rodungstätigkeit und der Urbarmachung der Wälder.

Tirschenreuth, Pfaffenreuth, Wernersreuth, Münchenreuth. Auf dem Glasberg bei Münchenreuth steht die Kappl, die Wallfahrtskirche mit den markanten drei Türmen. Ein Wahrzeichen des religiös geprägten Stiftlands. Zu Christi Himmelfahrt wird heute noch eine kleine hölzerne Jesusfigur in die Kuppel hochgezogen. Von drei Männern, die mit einem langen Seil in einem der Türme sitzen. Die Münchenreuther Blaskapelle spielt dazu „Großer Gott, wir loben dich“. Mein Opa ist mit mir immer schnell aus der Kirche gelaufen, um zu schauen, wie er weiterfliegt, der Herr Jesus. Gesehen, haben wir ihn aber nie. Als ich vor ein paar Jahren für den Bayerischen Rundfunk einen Film über diesen Brauch gedreht habe, sind die Kinder immer noch rausgelaufen um nachzuschauen. 40 Jahre später!

Der Zoigl-Stern – wenn er vor der Zoigl-Stubn hängt, ist es ein Zeichen, dass es wieder frisch gebrautes Bier gibt.

Und genau das zeichnet für mich das Stiftland aus: der zähe und manchmal sture Menschenschlag, die raue und imposante Natur und die großartigen Kunstschätze und versteckten Kleinode. Orte und Erinnerungen, die sich immer wieder mit neuen Ideen vermischen. Denn wenn der Oberpfälzer anpackt, dann macht er es mit Beharrlichkeit und Zielstrebigkeit. Vieles bleibt, einiges verändert sich im Stiftland – aber zum Glück langsam.

Essen Trinken Ausgehen

Natürlich von hier

Regionale Spezialitäten und die Öko-Modellregion Stiftland

von Oliver van Essenberg

Um zu erfahren, was eine Region lebens- und liebenswert macht, ist kaum etwas besser geeignet als kulinarische Spezialitäten. Essen und Trinken prägen das Lebensgefühl der Gäste und der Einheimischen, aber auch das Landschaftsbild.

Für das Stiftland sind die traditionelle Teichwirtschaft sowie weitreichende Kiefern- und Fichtenwälder, die mehr als die Hälfte der dünnbesiedelten Flächen bedecken, kennzeichnend. Die hohe Bedeutung dieser Wirtschaftszweige spiegelt sich in Zahlen wider. Bis heute steht der Landkreis Tirschenreuth an der Spitze der Bruttowertschöpfung bei den Anteilen der Land-, Forst- und Teichwirtschaft. Der Stiftland-Karpfen, das Kommunalbrauwesen und sein Zoigl sowie die Milchviehwirtschaft werden oft im selben Atemzug mit den markanten, Erzeugnissen der Region genannt. Dabei hat das Stiftland auch in kulinarischer Hinsicht viele weitere Besonderheiten und einige Überraschungen zu bieten, die eine Entdeckung wert sind.

Gerade im ökologischen Landbau haben Landwirte in den vergangenen Jahren Pionierarbeit geleistet. Unterstützt werden sie dabei von der Öko-Modellregion Stiftland. In jeder Region gibt es aktive Menschen, die den ökologischen Landbau voranbringen möchten. Die 35 Öko-Modellregionen bieten ihnen Unterstützung und Begleitung, angefangen von der Erzeugung und Verarbeitung über Vermarktung und Gemeinschaftsverpflegung bis zur Bildung. Seit dem Herbst 2019 zählt auch das Stiftland zu dem Kreis und wird von einem Projektmanagement koordiniert.

Bio-Qualität ist kein Luxus

Der ökologische Landbau ist ein dynamischer Wachstumsmarkt. Die Energiekrise und die Inflation haben den Boom zuletzt zwar deutlich geschmälert. Zum Aufstieg des ökologischen Landbaus gibt es auf lange Sicht jedoch keine Alternative. Letztlich geht es dabei nicht um den Luxus gutverdienender Genießer oder um Naturschwärmerei, sondern um einen wesentlichen Beitrag zu einer zukunftsfähigen Entwicklung.
Der Volkswirtschaftler Niko Paech plädierte schon lange vor der Corona-Krise und der geopolitischen Zeitenwende für eine Regionalisierung unseres Lebensstils. Die Reduzierung unseres Rohstoff- und Energieverbrauchs ist für ihn ein wesentlicher Erfolgsfaktor. Als zweiten Faktor beschreibt er eine regionale Selbstversorgung, die von globalen Lieferketten weitgehend unabhängig ist. Dazu gehören Tauschringe, Nachbarschaftshilfe, die Idee einer solidarischen Landwirtschaft und auch die

Oben: Schafe der Rasse Soay pflegen beim Biohof Fuhrmann die Teichufer.
Unten: Bio-Rotkohl, frisch vom Feld der Rennermühle.

Direkt- bzw. Regionalvermarktung. Solche Kreisläufe brauchen in der Landwirtschaft nachhaltige Produktions- und Vertriebsmethoden. Besonders die bio-regionale Produktion und Verarbeitung von Lebensmitteln stellt sicher, dass diese gesund und nachhaltig sind. Der Verzicht auf synthetische Pflanzenschutz- und Düngemittel leistet einen Beitrag für den Umwelt- und Klimaschutz.

Reden und Überzeugungsarbeit ist für die Öko-Modellregion wichtig. Die Projektmanager Antje Grüner und Jonas Bierlein laden daher zu Infoveranstaltungen und Weiterbildungen für Landwirte ein, sie besuchen wirtschaftende Betriebe, darunter Bauern, die Gastronomie und Leiter von Großküchen, um den Menschen aufzuzeigen, welche Möglichkeiten die Umstellung auf Bio bietet. Sie vernetzen die Akteure durch Stammtische und zwanglose Treffen, veranstalten Projekttage in Schulen und Kindergärten und tauschen Erfahrungen mit benachbarten Öko-Modellregionen aus.

Die Öko-Modellregion hat seit 2022 ein neues Instrument zur Unterstützung von Bio-Betrieben – den Verfügungsrahmen Öko-Kleinprojekte. Der Fördertopf von 50.000 Euro wird vom Amt für ländliche Entwicklung und der IKom Stiftland gestellt. „Wenn alles bestmöglich funktioniert, ist der regionale Kreislauf nahezu geschlossen. Das reicht von der Produktion, im Ackerbau bevorzugt mit alten Sorten wie Emmer oder Dinkel, über die Verarbeitung und kurze Wege bis zum Verkauf: im Hofladen, im Lebensmittelhandwerk oder in der Gastronomie", erklärt Jonas Bierlein.

Leuchtturm-Projekte: Bio-Käse und Bio-Karpfen

Mit eigenen Leuchtturm-Projekten versucht die Öko-Modellregion Stiftland, Bio und Regionalität konsequent zusammenbringen. Da ist zum einen das Projekt der mobilen Käserei, aus der sich die

Im Himmelreich der Teiche

Spezialitäten (1): Karpfen

von Hans Klupp

Die nördliche Oberpfalz ist von ursprünglicher Schönheit. Neben den ausgedehnten Wäldern, den Granitformationen und den pittoresk in die Landschaft eingebetteten Orten und Burgen sind es vor allem die fast 5000 Teiche, die diesem Landstrich seinen unverwechselbaren Charakter verleihen.

Im Zentrum des „Landes der 1000 Teiche", wie das Gebiet oft auch genannt wird, fügt sich Weiher an Weiher. Die flachen, sonnenwarmen Gewässer sind oft nur durch einen schmalen Damm voneinander getrennt, kaum breit genug für ein Paar Traktorreifen. Es ist besonders der Reichtum an Lebensformen, der das „Land der 1000 Teiche" auszeichnet und die ansässige Teichwirtschaft in ein intaktes Ökosystem einbettet.

Die Teichwirte wissen mit ihrer Verantwortung für diese historische Kulturlandschaft umzugehen. Sie legen Wert auf eine naturnahe Produktion ohne Massentierhaltung. Einem anderthalb Kilo schweren Karpfen stehen mindestens 20.000 Liter Wasser, naturbelassene Uferzonen und ein vielfältiges Nahrungsangebot zur Verfügung. Man ist sich hier der fast tausendjährigen Tradition in der Karpfenzucht bewusst und tut alles dafür, sie im Einklang mit der Natur weit in die Zukunft hinein zu verlängern. Tatsächlich hat sich die Fischzucht im Stiftland seit den Tagen der Zisterzienser kaum verändert. Die Werkzeuge sind die gleichen geblieben, und nach wie vor hat die Handarbeit Vorrang gegenüber maschinellen Verfahren.

Das „Land der 1000 Teiche" bezeichnet den Überrest eines fast 1000 Jahre alten, ehemals noch bedeutend größeren Teichgebietes, das sich bis vor 200 Jahren von Tirschenreuth im Osten bis nach Muckenthal im Westen erstreckte. Die Anfänge der Teichwirtschaft reichen in der Region bis ins 11. Jahrhundert zurück. Bereits vor der Gründung des Zisterzienserklosters Waldsassen (1133) wurden um Tirschenreuth die ersten Teiche angelegt und schon um 1200 bauten die Ortenburger, ein bedeutendes ostbayerisches Adelsgeschlecht, den riesigen oberen Tirschenreuther Stadtteich.

Der Karpfen als idealer Zuchtfisch

Vom 13. bis zum Beginn des 16. Jahrhunderts führte das zu der Zeit reichsunmittelbare Zisterzienserstift Waldsassen die Teichwirtschaft zu einer bis heute nicht wieder erreichten Blüte. Viele heute noch bestehende Teiche wurden in dieser Zeit angelegt und die Fläche der Teiche im Stiftland war damals mehr als doppelt so groß wie heute. Aufgrund seiner außergewöhnlichen Fruchtbarkeit, des raschen Wachstums und der hohen Anpassungsfähigkeit bot sich den Zisterziensern der Karpfen als idealer Zuchtfisch für ihre Teiche an.
Tatsächlich gelang es den Mönchen binnen kurzem, eine für die damalige Zeit vorbildliche Karpfenteichwirtschaft aufzubauen. Gekennzeichnet war die Arbeit dabei einerseits von dem Bemühen, die Schöpfung zu bewahren und nachhaltig zu nutzen, andererseits gingen auch viele Innovationen und Verbesserungen in der Teichwirtschaft von den Zisterziensern aus. In den Klosterteichen wurden die Karpfen erstmals nach Altersgruppen getrennt gehalten und auch Zuchtauslese und kontrollierte Vermehrung waren den Mönchen bereits bekannt.
Die Musterbetriebe der Ordensbrüder wirkten als Vorbild weit in das Umland hinein und waren ausschlaggebend, dass im Mittelalter Landedelleute, Bürger und Bauern eine Vielzahl von Teichen anlegten.
Besonders das Geschick der Waldsassener Mönche war weithin bekannt, so dass von anderen Klöstern Mönche nach Waldsassen gesandt wurden, um sich in der Kunst der Teichwirtschaft unterweisen zu lassen.

Fischernte ist immer noch schwere Handarbeit. Oft helfen Nachbarn, Freunde und die ganze Fischerfamilie zusammen.

Romantische Stimmung an Stiftländer Teichen. In früheren Zeiten arbeiteten Teichwirte oft von früh bis spät an den Teichen und kehrten manchmal tagelang nicht nach Hause: Die alten Fischhäuschen dienten dann als Nachtlager.

Zentren der Artenvielfalt

Viele Generationen von Teichwirten haben mit der Karpfenzucht ihren Lebensunterhalt verdient und auch heute noch ist die rentable Fischproduktion Hauptzweck der Teiche und Lebensgrundlage der Fischer. Die traditionelle Teichwirtschaft hat im Stiftland darüber hinaus aber auch ganz außergewöhnliche Kulturlandschaften hervorgebracht und Karpfenteiche erfüllen viele wichtige Funktionen in der Landschaft. Teiche wirken ausgleichend auf das lokale Klima, sie regulieren den Abfluss von Niederschlägen, reinigen die nachfolgenden Gewässer, bieten zahlreichen Pflanzen- und Tierarten einen Lebensraum und zählen damit zu den ökologisch wertvollsten Landschaftsbestandteilen. Bei einem Miteinander von Fischerei und Naturschutz spielt gerade der letzte Punkt eine wichtige Rolle. Karpfenteiche können somit Zentren der Artenvielfalt darstellen. Voraussetzung dafür ist die Fortführung der traditionellen naturnahen Bewirtschaftung, die eine Vielfalt an Strukturen im und am Teich fördert. Aber auch ein Erhalt der Karpfenzucht und damit der Vielfalt an unterschiedlich bewirtschafteten Teichtypen trägt zur Artenvielfalt bei. Der Verzehr von heimischen Karpfen hilft somit nicht nur, eine Jahrhunderte alten Form der Landnutzung zu bewahren, sondern fördert indirekt auch die Artenvielfalt in der Region.

Robust, anpassungsfähig, umwelttolerant – Mit diesen Markenzeichen war der Karpfen optimal geeignet für die Teichwirtschaft und hat sich weit verbreitet.

Fastenspeise, Ikone, Wirtschaftsprodukt – Der Karpfen und die Klöster

Die frühen Klöster waren nicht nur Orte geistigen Lebens, sondern auch wichtige Zentren des handwerklichen und ganz besonders des landwirtschaftlichen Fortschritts. Bereits im 6. Jahrhundert sprach sich der Gründer des Benediktinerordens, Benedikt von Nursia, für eine autarke, auf der Landwirtschaft basierende Lebensweise der Ordensbrüder aus. In Gegenden, wo es das Klima und die Bodenverhältnisse zuließen, richteten die Mönche ein besonderes Augenmerk auf die Fischzucht, zur damaligen Zeit noch Fischweide genannt. Begünstigt wurde diese Entwicklung vor allem auch durch die zahlreichen Fasttage im Kirchenjahr, an denen der Verzehr von Fleisch verboten war.

Ganz besonders förderte der 1119 im burgundischen Citeaux gegründete Zisterzienserorden die Fischzucht. Bereits bei der Auswahl ihrer Klosterstandorte bevorzugten die Zisterzienser wasserreiche Tallagen, auch gehörte zur Gründungsausstattung ihrer Klöster stets das Nutzungsrecht an Gewässern. Ein Grund für die große Bedeutung der Fischzucht in den Klöstern gerade des Zisterzienserordens war sicherlich die strenge Ordensregel, die den Verzehr von Fleisch fast völlig untersagte. Zudem war Fischzucht im Mittelalter auch eine hochrentable Form der Landnutzung. Fischfleisch kostete ein Mehrfaches dessen, was Rind oder Schweinefleisch einbrachten. Teiche und Fischzucht trugen deshalb in erheblichem Maß zum wirtschaftlichen Wohlstand der Klöster bei.

In ganz Europa legten die Zisterzienser in ihren Klostergründungen Teiche an, und bis heute gehen fast alle großen Teichgebiete in Mitteleuropa auf den Einfluss dieses wasserliebenden Ordens zurück. Auch die ersten zisterziensischen Klostergründungen in Bayern, Ebrach (gegründet 1127) und Waldsassen (gegründet 1133), sind bis heute nachwirkende Meilensteine für die Entwicklung der Karpfenteichwirtschaft.
Als die Klöster im 19. Jahrhundert im Zuge der Säkularisierung ihre Bedeutung verloren, litt auch die Teichwirtschaft darunter. Zahlreiche Gewässer wurden trockengelegt und mussten Ackerland weichen. Neu eingeführte Düngemittel versprachen höhere Erträge in der Landwirtschaft, weshalb viele Bauern die Teichwirtschaft aufgaben. Erst im 20. Jahrhundert, als die Fischpreise wieder anstiegen und auch von Seiten des Staates etwas zur Förderung der naturnahen Teichwirtschaft getan wurde, setzte ein Umdenken ein. Das Erbe der Zisterzienser, dieser Pioniere der Wassertechnik, wurde wieder in Erinnerung gerufen und die großen Teichgebiete, so wie wir sie heute kennen, begannen sich neu zu formen.

Der Karpfen ist der kulinarische Botschafter des Stiftlandes und hat im Landkreis Tirschenreuth Kultcharakter, was auch in den phantastischen Formen (unten) zum Ausdruck kommt.

Fischpartien für das ganze Jahr

Seit vielen Jahren setzt sich der Verein „ARGE Fisch im Landkreis Tirschenreuth" für die Förderung der Teichwirtschaft und damit für den Erhalt der wertvollen Kulturlandschaft im Landkreis Tirschenreuth ein. Gegründet wurde er von Teichwirten, die damit das sensible Zusammenspiel zwischen der Fischzucht und dem Ökosystem ins Bewusstsein bringen wollten.

Außerdem weist der Verein auch auf die geschmacklichen und gesundheitlichen Vorzüge der Süßwasserfische hin, die besonders nachhaltig und extensiv erzeugt werden. So versorgt zum Beispiel der Oberpfälzer Karpfen den menschlichen Organismus mit hochwertigen Proteinen und Mineralien. Aufgrund des geringen Fettgehalts und des hohen Anteils an Omega-3-Fettsäuren beugt der Verzehr von Fisch zudem Herz-Kreislauferkrankungen vor. Laut der Umweltorganisation Greenpeace ist Karpfen die Fischart der Wahl für nachhaltigen Genuss.

Erlebniswochen Fisch

Die ARGE Fisch organisiert seit vielen Jahren große und kleine Genuss-Veranstaltungen im Landkreis Tirschenreuth. Die Erlebniswochen Fisch haben mittlerweile einen festen Platz im Veranstaltungskalender der Region. Das Highlight hier ist die alljährliche Eröffnungsveranstaltung am letzten Septembersonntag. Hier hat man die Möglichkeit, neben den Klassikern der Karpfenküche auch etwas Besonderes zu probieren, vom Fischburger über Matjesforelle bis zum Karpfengyros. Zeitgleich findet bei jeder Eröffnung der Markt der regionalen Genüsse statt, die Auswahl an Fleisch- und Wurstspezialitäten, Gebäck, Spirituosen, Bieren und alkoholfreien Getränken lässt keine Wünsche offen. Die Eröffnung der Erlebniswochen Fisch tragen unterschiedliche Städte und Gemeinden im Landkreis Tirschenreuth abwechselnd aus, somit erreicht dieses Event, verbunden mit dem Markt der regionalen Genüsse und dem Kunsthand-

werkermarkt, eine große überregionale Aufmerksamkeit.
Unterschiedliche Projekte und Events in Kooperation mit Gastronomie und Betrieben des Landkreises bereichern die Erlebniswochen Fisch: Filetier- und Fischkochkurse, besondere Menüveranstaltungen und Teich- und Betriebsführungen mit Fischbrotzeit.
Fischspezialitäten kann man das ganze Jahr bei den Teichwirten der ARGE Fisch genießen. Frischfisch direkt beim Teichwirt gibt es im Raum Wiesau, Kemnath und Bärnau, viele Gastronomen haben heimischen Fisch auf der Speisekarte und Fischläden bieten Räucherfisch und weitere köstliche Fischspezialitäten rund um das Jahr an, mit saisonal wechselndem Angebot.

Adressen, Infos und Veranstaltungskalender unter **www.erlebnis-fisch.de**

Ausflugsziele mit kulinarischer Botschaft: der Spielplatz im Fischhofpark und die Himmelsleiter mitten in der Tirschenreuther Teichpfanne.

Radeln und Spielen rund um den Fisch

ARGE Fisch macht die Teichlandschaft nicht nur in kulinarischer Hinsicht erlebbar – die Wander- und Karpfen-Radwege laden Naturliebhaber ein, Teichgebiete wie etwa das bei der Himmelsleiter (im Bild) zu erkunden.

Details zu beiden Radwegen findet man unter: **www.oberpfaelzerwald.de/stiftlaender-karpfenradweg** und **www.oberpfaelzerwald.de/karpfenradweg-kemnather-land.**

Kinder haben ihren Spaß an Fisch-Erlebnisspielplätzen im Seeleitenpark in Kemnath, im Fischhofpark Tirschenreuth, in der Erlebniswelt Waldnaabaue und am neuen Wasserspielplatz in Friedenfels.

Älter als das Bayerische Reinheitsgebot

Spezialitäten (2): Zoigl-Kultur

von Wolfgang Benkhardt

Auf ihre Bierkultur, genauer gesagt ihre Zoigl-Bierkultur, sind die Stiftländer mächtig stolz. Seit 2018 ist die Tradition rund um das untergärige, unfiltrierte Bier sogar als immaterielles Kulturerbe in Bayern geschützt, so wie die Oberammergauer Passionsspiele, der Further Drachenstich und die Tölzer Leonhardifahrt.

Wer glaubt, dass es sich dabei „nur" um das Brauen und die Verkostung von Bier handeln würde, der irrt gewaltig. Zoigl ist viel mehr. Zoigl, das ist Tradition, Kurzweil und Geselligkeit; Zoigl, das sind nette Menschen, urige Atmosphären und deftige Hausmacherbrotzeiten; oder einfacher ausgedrückt: Zoigl ist ein Stück Stiftländer Lebensart. Dazu gehört, dass man eng zusammenrückt, gemeinsam über Gott und die Welt debattiert und andere Leute kennenlernt. Schon beim ersten Schluck des Bieres fallen alle Standesunterschiede, spätestens beim dritten Schluck geht man zum vertrauten Du über. Und kommt nach der gemeinsamen Brotzeit auch noch ein Schnapserl dazu, dann ... Bevor wir zu viel verraten: Es ist wohl besser, Sie erkunden dies selbst in einer der zahlreichen Stuben!

Zentren der Zoigl-Kultur

Gebraut wird der Zoigl mit viel Handarbeit und noch mehr Leidenschaft nach althergebrachten Rezepten in Kommunbrauhäusern. Fünf solcher gemeinschaftlich genutzter Brauhäuser werden in der Oberpfalz noch betrieben. Zwei davon stehen im Stiftland – eines in Falkenberg und eines in Mitterteich. Diese beiden Orte sind die Zentren der Zoigl-Kultur im Landkreis Tirschenreuth.

In den Kommunbrauhäusern in Mitterteich (oben Mitte) und Falkenberg (oben rechts) wird die Würze für das Zoiglbier noch so wie anno dazumal gekocht und gehopft. Selbst für einen gelernten Brauer wie Josef Neuber ist dies eine Herausforderung.

Ein Besuch im Falkenberger Brauhaus lohnt sich selbst für Gäste, die kein Bier mögen. Idyllisch steht das Gebäude am Fuße der Falkenberger Burg. Gleich nebenan fließt die Waldnaab vorbei, aus der früher das Brauwasser entnommen worden ist. Das ist mittlerweile lange her. Heute kommt das Brauwasser ganz normal über die Leitung aus dem Hochbehälter. Aber im Sudkessel landen nach wie vor nur Gerstenmalz, Hopfen und Wasser, so wie es das Bayerische Reinheitsgebot aus dem Jahr 1516 vorschreibt.

Hinter den Sprossenfenstern und dem großen Holzschiebetor des einstöckigen Sudhauses scheint die Zeit stehen geblieben zu sein. Statt der heute üblichen Brautechnik mit Whirlpool, Gasfeuerung und blinkenden Lämpchen gibt es ein offenes Kühlschiff, eine knisternde Holzfeuerung und einen ratternden Riemenantrieb zu sehen und auch zu hören. Wenn gebraut wird, quellen dicker Rauch und Wasserdampf aus dem roten Ziegelschornstein und den Ritzen des ungedämmten Dachs. Drinnen kann man zeitweise fast die Hand nicht vor den Augen erkennen. Wasserdampf schwängert die Luft und verbreitetet einen süßlichen Geruch von Malz, der sich mit einer bitteren Hopfennote vermischt.

Große, abgenutzte Zahnräder, für die es längst keine Ersatzteile mehr gibt, greifen ineinander und setzen mit einem Ruck im offenen Sudkessel ein Rührwerk in Gang, im Ofen knistern die Holzscheite, und im Kessel schäumt und blubbert die braune Maische, genau beäugt vom Neuber-Sepp. Er ist gelernter Brauer und macht für die meisten Falkenberger den Zoigl, genauer gesagt die Würze dafür. Das ist nämlich eine Besonderheit dieser Oberpfälzer Tradition. Bereits nach einem Tag verlässt das Gebräu das Brauhaus. Zu Bier wird es erst in den Gärkellern der Bierrechtler. Nachdem die gekochte und gehopfte Würze über Nacht im offenen Kühlschiff abgekühlt ist, holen die Bürger den Sud im Brauhaus ab und machen selbst Bier daraus.

Fein stiftländisch

Die Küche im Stiftland

von Paul Zrenner

Von den kulinarischen Besonderheiten der Region ahnte Johann Wolfgang von Goethe bei seinem ersten Besuch kaum etwas. Der Dichter war vor allem beeindruckt von den Kulturdenkmälern im Klosterort, als er am 3. September 1786 auf seiner „Italienischen Reise“ mit der Postkutsche aus Karlsbad kommend durch Waldsassen fuhr. Gut dreieinhalb Jahrzehnte später, nach weiteren Besuchen, schwärmte Goethe immerhin von „köstlichen Bratwürstchen“ eines nicht näher benannten Metzgers aus Waldsassen.

Würste gehörten zu Goethes Leibspeisen, wie man aus seinen Briefen weiß. Bratwürstchen gibt es auch 200 Jahre später noch im Stiftland – bei Metzgereien und in der Gastronomie. Kulinarisch hat die Region aber noch viel mehr zu bieten als die von Goethe gepriesenen Erzeugnisse. Die regionale Küche ist ob ihrer Vielfalt und der Dichte an traditionellen Gasthäusern eine Besonderheit im Stiftland. Gasthäuser im Stiftland leben von zufriedenen Gästen, die immer wieder gerne zurückkehren. In der Region sind viele Betriebe familiengeführt. Die Inhaber stehen mit ihrem guten Namen für Qualität. Für den guten Ruf vieler Traditions-Gaststätten im

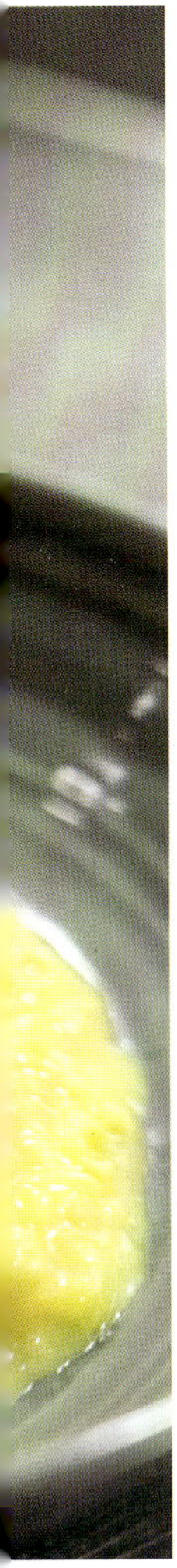

Die regionale Küche in ihrer Vielfalt und in einer hohen Dichte von traditionellen Gasthäusern ist eine Besonderheit im Stiftland.

Stiftland spricht auch, dass sie sonntags beliebte Ziele für den Mittagstisch sind. Die Nachfrage nach Plätzen ist vielfach größer als das Angebot.

Grenzübergreifender Küchenstil

Gibt es eine klassische Stiftländer Küche überhaupt? „Der Küchenstil ist grenzüberschreitend", weiß Wolfgang Sperber aus seiner 45-jährigen Erfahrung als Küchenchef des Hotel-Gasthofs „Bayerischer Hof" in Waldsassen. Die österreichische Küche hat seiner Einschätzung nach einen großen Einfluss, dann auch die böhmische. Womit sich ein Kreis schließt – von Österreich über Böhmen nach Bayern. Denn die vermeintlich typisch österreichischen Mehlspeisen haben ihren Ursprung in Böhmen: Das Land gehörte einst zur österreichischen Monarchie, weshalb viele junge Frauen als Köchinnen nach Wien abwanderten, ihre Kochkunst mitnahmen und dort die Küche bereicherten.

Klassische Gerichte aus dem Stiftland, sagt Sperber, gebe es nach wie vor zur „Kirwa", dem Kirchweihfest im Herbst. Gans, Karpfen, Forellen und Wild stehen dann auf der Karte. Dagegen habe sich in der restlichen Zeit des Jahres das Angebot komplett verändert. „Sechs Gerichte, sehr bratenlastig, bis auf ein Schnitzel. So sah früher die Sonntagskarte aus." Inzwischen ist die Auswahl deutlich größer: „15 bis 18 Gerichte, mindestens zwei Fische, zwei, drei Suppen." Leberknödelsuppe sei weiterhin ein Klassiker. Kalb und Rind sowie Fisch seien beliebt, weniger dagegen der klassische Schwei-

Die Küchenchefs in Traditions-Wirtshäuern im Stiftland punkten mit saisonalen Gerichten aus fein aufeinander abgestimmten Zutaten.

nebraten. Der sei abgelöst worden vom Schäufele und vom Spanferkel. „Hauptbeilage am Sonntag sind Spoutz'n, immer frisch gemacht." Sperber meint mit der Dialekt-Bezeichnung den Knödel, hergestellt aus geriebenen Kartoffeln.

„Forsthaus"-Küchenchef Dominik Pirkl bestätigt, dass am Sonntag sehr stark traditionelle Bratengerichte gefragt sind. Er beobachtet allerdings auch, dass sich die kulinarischen Vorlieben allmählich ändern: „Viele Jugendliche essen keinen Braten mehr." Jüngere Gäste seien eher für Gourmet-Abende mit einem mehrgängigen Menü und Weinbegleitung zu gewinnen.

Kulinarische Überraschungen

Ein anderes Konzept verfolgt das Restaurant „Altmugler Sonne" bei Bad Neualbenreuth. Eine klassische Speisenkarte gibt es dort nicht. Gäste dürfen sich bei Silvia und Johann Lemberger auf kulinarische Überraschungen einlassen. „Wir haben unsere Vorstellung von Gastronomie durchgesetzt", erklärt Johann Lemberger. Dies, sagt der Küchenchef offen, habe auch betriebswirtschaftliche Gründe. Hochwertige Ware auf Lager zu halten und unter Umständen wegwerfen zu müssen, sei ökologisch und ökonomisch nicht vertretbar.

Die Lembergers sind Anhänger der „Slow Food"-Bewegung. Tiere sollen möglichst vollständig verarbeitet werden – eine Herausforderung: „Wir kaufen Viertel Rinder oder auch halbe Kälber", verrät der Küchenchef. Nach einem Gourmet-Abend mit Rinderfilet als Hauptgang gibt es als Mittagstisch sonntags Schmorbraten als Drei-Gänge-Menü mit bayerischem Wirtshaus-Charakter. Auf den klassischen Schweinekamm verzichtet der Wirt. Dafür stehen Rinderrouladen, Kalbsrahmbraten oder auch Krustenbraten auf der Karte.

Gastlichkeit im Kloster

Regionale Küche kombiniert mit einem besonderen Charme klösterlicher Tradition dürfen Gäste in den Räumen der Zisterzienserinnen-Abtei in Waldsassen erleben. Im Restaurant des Gästehauses St. Joseph gibt es unter anderem ein besonderes Tagesgericht unter dem Motto „Essen wie die Schwestern". „Das wird sehr gut angenommen, vor allem am Sonntag", erzählt Sr. M. Sophia Schlembach, die Leiterin des Gästehauses. Braten mit Knödeln gibt es dann. Während der Woche wechselt die Speisenfolge durch.

Unterschiedliche Werte

Eine solche Vielfalt dürfte es vor Jahrhunderten auf dem Speiseplan der Mönche des Stifts Waldsassen kaum gegeben haben. Es ist allerdings überliefert, dass es zusätzlich zu den kirchlichen Feiertagen einen besonderen Anlass für ein Festmahl gab. Im Gebiet um Bad Neualbenreuth lagen Ortschaften, die

zu den reichsunmittelbaren Territorien der Stadt Eger und des Stifts Waldsassen gehörten. Die Gerichtsbarkeit wechselte von 1591 an jährlich – was jeweils im Schloss Hardeck gewürdigt wurde. Es gehörte zum Kloster Waldsassen, diente als Sommersitz der Äbte und war vom Wechsel ausgenommen.

Friedrich Söllner, dessen Vorfahren nach der Säkularisation Schloss Hardeck erworben haben, verfügt über historische Dokumente über die „Zehrung bei der Fraischübergab" am 26. September 1657: „Das war hier der Festsaal", sagt Söllner über sein Wohnzimmer, wo die Feier seinerzeit ausgerichtet wurde. Meinhard Köstler, wie Friedrich Söllner Lehrer im Ruhestand, ist in der Forschung regionaler Geschichte versiert und übersetzte die niedergeschriebenen Zeilen der Dokumente.

„Die haben es damals schon krachen lassen", findet Meinhard Köstler mit Blick auf das im Schloss zubereitete Festbankett, dem 17 Vertreter des damaligen Stifts Waldsassen und der Stadt Eger beiwohnten. Einen Eindruck von dem, was alles verzehrt wurde, ist im „Verzaichnis" der Unkosten für die im „Schloss zu Hardeckh gehaltene Mahlzeit" überliefert: 22 Maß Wein, 42 Maß Weißbier, ein Eimer und 6 Maß Braunbier. Für die Zubereitung der Speisen wurden 3 „Supphühner", 2 Dutzend Lerchen sowie 7 „Gramerz Vögel" (Wacholderdrosseln) und 2 „Kappaune" (Masthähnchen) und 3 Hennen benötigt. „Manchmal gab es Streitereien, weil nicht klar war, wer am Ende die Zeche bezahlt", ist laut Köstler überliefert. Irgendwie hätten sich dann beide Seiten geeinigt. Die hohen Herrschaften trafen sich ja im nächsten Jahr wieder.

Gemeinschaftliche Essen gehörten schon immer zu den besten Gelegenheiten, sich selbst und anderen etwas Gutes zu tun. Und im Kreis der Freunde oder mit dem Partner gibt es zum Glück kaum Streitereien, wenn der Rahmen stimmt. Das Stiftland bietet hierfür sehr gute Voraussetzungen. In den hiesigen Gaststätten muss niemand befürchten, über den Tisch gezogen zu werden. Schon deshalb, weil die Region dafür viel zu bodenständig ist und die Gäste freiwillig, ganz aus eigenen Stücken, gerne wieder kommen.

Im Schloss Hardeck, früher Sommersitz der Waldsassener Äbte, wurde einmal im Jahr aus besonderem Anlass opulent gespeist. Historische Aufzeichnungen belegen, was beim Festbankett alles verzehrt wurde.

In Kräutern eingelegter Hirschrücken

von Juliane Schnurrer

Zubereitung

In unserem Hofladen in Hardeck bieten wir Wildbret von Hirsch, Wildschein und Reh an. Die Tiere stammen aus den unmittelbar angrenzenden Revieren und zeichnen sich durch beste Fleischqualität aus.

Pro Person braucht man für das Rezept ein schönes Stück (ca. 250g) vom abgehangenen Hirschrücken, würzt es mit Pfeffer, Wacholder, sparsam mit Knoblauch und Thymian und legt es in Olivenöl mindestens 24 Stunden ein.

Etwas Fett in der Pfanne erhitzen und das Stück scharf von links und rechts anbraten, salzen und im Rohr bei 80°C ca. 15 Minuten ruhen lassen.

Hirschbratenjus mit einem Schuss Sahne aufkochen. Abschmecken mit Johannisbeersaft, Madeira-Wein, Preiselbeeren, Salz, Pfeffer und eventuell etwas Wildgewürz (Wacholder, Thymian und Lorbeer). Bei Bedarf die Sauce noch binden.

Als Beilage empfehlen wir selbstgemachte Spätzle. Tipp für den Grill: ohne Soße servieren, dafür mit hausgemachter Knoblauch-Kräuterbutter.

Landgasthof nach Herzenswunsch

Ein Wirtshaus mit eigener Jagd, Rinderhaltung und Fischteichen, mit Hausschlachtung und einer Speisekarte, die herzhafte Schmankerl und außergewöhnliche Spezialitäten bietet, alles konsequent regional, so auch der dazu gehörige Hofladen ...

Klingt nach einem Ort aus der guten alten Zeit? Im Stiftland hat sich der Adamhof mit diesen Qualitäten einen hervorragenden Namen gemacht.

Der Hof ist seit circa 300 Jahren in Familienbesitz und gehörte einst einem gewissen „Odam". Christl und Helmut Schnurrer begannen 1989 mit Direktvermarktungen, einem kleinen Hofladen und einem Verkaufsauto für regionale Märkte. Doch auf Wunsch vieler Gäste wurde mehr draus. 1996 eröffnete die Familie die Gastwirtschaft, die mit der Ansiedlung des Sibyllenbads wuchs und wuchs und sogar um einen Hochzeitssaal erweitert wurde.

„Wir sind stolz drauf, was die Eltern mit Mühe und Fleiß aufgebaut haben und dankbar, dass wir in einer Ferienregion leben, in der auch die Umgebung für unseren Landgasthof stimmt", erklärt Juliane Schnurrer, die den Betrieb mit ihrer Mutter, ihrem Bruder Florian und fleißigen langjährigen Mitarbeitern führt. Florian ist Metzgermeister, Koch und leidenschaftlicher Jäger und versorgt die Küche mit wild(en) Spezialitäten wie Rehbraten, Hirschrücken und Wildschweinhaxen. Er schlachtet am Hof nach neuesten Standards und die Schweine kommen aus dem Nachbarsort, ohne lange Transportwege. Von befreundeten Teichwirten des Stiftlandes stammen die Karpfen, die am Hof frisch geschlachtet, filettiert und in drei Varianten auf den Teller kommen: gebacken, als Karpfenrolle im Bierteig und natur, vom Grill mit Knoblauch und Thymian.

Juliane Schnurrer ist die Zusammenarbeit mit zahlreichen Genussanbietern der Region wichtig.
Sie organisiert Tagesausflüge für Busreisende ins schöne Land der 1000 Teiche. Arrangements für Seele, Kopf und Bauch.

Einst Bauernhof, dann Hofladen, seit 1996 Wirtshaus: Der Adamhof vereint viele Qualitäten eines guten Wirtshauses. Juliane Schnurrer (im Bild) leitet den Familienbetrieb.

Adamhof
Hardeck 8
95698 Neualbenreuth
Tel. 09638 / 370
www.adamhof.de
info@adamhof.de

Öffnungszeiten Gasthaus:
Montag, Dienstag, Donnerstag bis Samstag
11.30 - 14 Uhr und
17 - 20.30 Uhr
(warme Küche)
Sonntag
11 - 14 Uhr

Öffnungszeiten Hofladen:
Montag, Dienstag, Donnerstag bis Samstag
9 - 14 Uhr und
17 - 19.30 Uhr
Sonntag
10 - 14 Uhr

Zutaten
(für 4 Personen)

300 - 400g Forellenfilet
300 - 400g Störfilet
16 Stück ‚neue' Kartoffeln, festkochend
4 Birnen
1 Bund grüner Spargel
Gerösteter Sesam
100g Speckwurst, schon etwas getrocknet

Geklärte Butter, Weizenmehl, Salz, Pfeffer, Zucker, weißer Portwein, Butter, Muskatnuss, 1 Zehe Knoblauch, Kresse, rosa Pfeffer.

Forelle und Stör mit Spargel, glacierter Birne und Speckwurst

von Johann Lemberger

Vorbereitung
Die Fischfilets in 4 gleich große Stücke portionieren; vom grünen Spargel etwa ein Drittel am unteren Ende abschneiden und etwas anschälen; die Speckwurst in dünne Scheiben (2-3mm) schneiden; die Birnen entkernen, schälen und in Spalten schneiden.

Zubereitung
Den geschälten Spargel in kaltem Wasser, das mit einer Prise Salz, einer Prise Zucker, der Knoblauchzehe und etwas geriebener Muskatnuss gewürzt wird, bei starker Hitze in einem Topf aufstellen und zum Sieden bringen; danach vom Ofen nehmen und zur Seite stellen. Die Kartoffeln in kaltem Wasser aufsetzen und so lange kochen, bis sie gar sind, abgießen, der Länge nach halbieren und zur Seite stellen; die Speckwurst-Scheiben in einer Pfanne mit etwas geklärter Butter braten, so dass diese hellbraun werden, aus der Pfanne auf ein Stück Küchenkrepp geben und zur Seite stellen; für die Birnen etwas Zucker in einer Teflonpfanne zu Karamell schmelzen lassen (Vorsicht!) und eine Flocke Butter (ca. 15 Gramm) in den heißen Karamell einschmelzen lassen; wenn die Butter vollkommen mit dem Zucker aufgelöst wurde, das Ganze mit etwa 5cl weißem Portwein ablöschen und etwas köcheln lassen; dann die Birnenspalten hineingeben und einmal aufkochen lassen. Die Birnenspalten nicht zerrühren oder weichkochen; die Kartoffelhälften mit etwas geklärter Butter in einem Stieltopf leicht anbräunen und etwas von dem Sesam zugeben – vom Ofen nehmen und warmhalten.
Nun eine Pfanne erhitzen, etwas geklärte Butter hineingeben und die Fischfiletstücke (mit Salz und Pfeffer gewürzt und auf der Hautseite meliert) auf der Hautseite anbraten; wenn die Haut eine schöne Farbe bekommen hat, wenden; Die Pfanne vom Ofen nehmen und in den vorgeheizten Backofen geben (90°C, Ober-/Unterhitze). Dort etwa 5 Minuten ziehen lassen; das Ganze, wie auf dem Bild anrichten und mit einigen rosa Pfefferbeeren bestreuen. An einer geeigneten Stelle mit Kresse ausgarnieren.

Tipp:
Sollten Sie keine zwei verschiedenen Fische bekommen, können Sie das Rezept natürlich auch nur mit einer Sorte Fisch zubereiten.

Sonnenstunden für Entdecker

Was heißt es heute, nach Herzenslust zu schlemmen? Die exquisiten Häppchen, die in der Sterneküche serviert werden, kommen hierfür genauso wenig in Frage wie eine 0815-Schnitzelküche.

Nach Herzenslust schlemmen heißt vor allem: gute Portionen genießen, feine Aromen, authentische Produkte, handwerklich präzise zubereitet. Ein Küchenstil wie in der Altmugler Sonne.

Johann Lemberger, der Küchenchef der Altmugler Sonne, hat sein Haus als Top-Adresse im Stiftland etabliert. Es spricht für eine enorme Qualität, wenn Gäste aus bis zu 100 Kilometern Entfernung in die Mini-Ortschaft kommen, um hier ausgiebig ein Menü zu genießen, und das seit gut 20 Jahren. Im Jahr 2000 übernahm Johann Lemberger den elterlichen Betrieb in Altmugl, seit 2003 ist Ehefrau Silvia mit dabei. Beide sind ein bestens eingespieltes Tandem, sie als sympathische Gastgeberin, die kurzweilig und aufschlussreich das Essen und die Weine vorstellt, er als leidenschaftlicher und kreativer Koch, der bei Menüs zur Hochform aufläuft, mit teils tagelanger Vorbereitung der Zutaten.

Abends bietet die Altmugler Sonne stets ein Bankett mit mindestens drei Gängen an, als Hauptgang stehen ein Fisch-, ein Fleisch- und vegetarisches Gericht zur Auswahl. Was auf die Karte kommt, ist abhängig von Saison, Verfügbarkeit, Umfang des Menüs und den Goldstücken, die Johann Lemberger bei seinen Reisen aufspürt, immer aber eine Entdeckung. „Regionalität ist für uns als Slow-Food-Mitglied sehr wichtig, aber nicht das Maß aller Dinge“, erklärt der Küchenchef, der Erfahrungen in der Sternegastronomie gesammelt hat und diese bei sich einsetzt, zum Beispiel wenn es um die bestmögliche Qualität und Verarbeitung von Tieren geht, egal, ob heimischer Karpfen, spanisches Iberico-Schwein oder seltener Sika-Hirsch.

Am Sonntagmittag bringt die Sonne die bayerische Wirtshausküche zum Glänzen. Ausgiebiger Genuss ist auch hier garantiert. Von 12 bis halb drei gehört die Zeit ganz den Gästen, im Sommer mit herrlichem Ausblick von der Terrasse vor dem Haus.

Silvia und Johann Lemberger sorgen für genussvolle Stunden.

Altmugler Sonne
Altmugl 20
95698 Neualbenreuth
Tel. 09638 / 248
www.altmuglersonne.de
info@altmuglersonne.de

Öffnungszeiten:
Mittwoch bis Sonntag ab 18 Uhr (Reservierung bis spätestens 12 Uhr am gewünschten Tag)
Sonntag zusätzlich 12 - 14.30 Uhr (Reservierung einen Tag vorher)

Die Altmugler Sonne bietet auch Übernachtungszimmer und ein Appartement an. Die Anreise ist nach Absprache auch an den Ruhetagen Montag und Dienstag möglich.

Seesaiblingfilet mit Zitronenrisotto und Gemüsestreifen

von Dominik Pirkl

Zutaten

(für 4 Personen)

4 Portionen Saiblingfilet
1 Flocke Butter

Zitronenrisotto:
300g Risottoreis
(am besten Carnaroli)
100g geriebenen Parmesan
80g Butter
Abrieb von einer Bio-Zitrone
1 Messerspitze Kurkuma
1 kleine Zwiebel
500ml Gemüsebrühe
150ml Weißwein

Gemüsestreifen:
1 Karotte
¼ Sellerie
4 Stück Frühlingszwiebeln
½ Zucchini
1 Flocke Butter

Salz, Pfeffer, Zucker

Zur Dekoration:
Glasnudeln
Dill
Getrocknete Tomatenflocken

Zubereitung

Olivenöl erhitzen und feine Zwiebelwürfel glasig braten, Risottoreis dazugeben und leicht mit anbraten, mit Weißwein ablöschen. Das Risotto unter ständigem Rühren nach und nach mit heißer Gemüsebrühe auffüllen (vier bis fünf Mal). Wenn das Risotto al dente ist, mit Kurkuma, Salz, Zucker und Zitronenschale abschmecken. Zum Schluss kalte Butter und Parmesan unterrühren.

Zucchini, Sellerie und Karotte in feine Streifen schneiden und kurz im kochenden Salzwasser blanchieren. Frühlingszwiebeln in Ringe schneiden und mit dem Gemüse und Butter erhitzen. Anschließend würzen.

Saiblingsfilet würzen und auf der Haut mit Öl anbraten, kurz vor Schluss eine Flocke Butter dazu geben und auf die Fleischseite drehen. Für die Deko Glasnudeln frittieren und auf den Fisch setzen.

In Waldsassens Zentrum ist das Forsthaus eine Institution für bodenständige und feine Küche. Im Bild unten: die Wirtsfamilie Klaus, Dominik und Stania Pirkl (von links). Im Juni 2023 erhielt Dominik Pirkl das Qualitätssiegel „Ausgezeichnete Bayerische Küche".

Speisen wie ein König

Kirche, Rathaus, Restaurant - damit steht, davon lebt auch heute noch ein gut erhaltenes Ortszentrum. Am Basilikaplatz in Waldsassen ist der Dreiklang vorbildlich gelungen.

Das Wirtshaus befindet sich in einem der ältesten Häuser der Stadt und trägt den stolzen Titel „ehemals königliches bayerisches Forsthaus". Dass es sich dabei auch um eine erste Adresse für Genießer handelt, daran haben die Familie Pirkl und Küchenchef Dominik den entscheidenden Anteil. Meisterhaft gelingt dem Juniorchef der Brückenschlag zwischen bodenständiger und gehobener Küche.

Im Lauf seiner über 500-jährigen Geschichte hat das Haus schon viele Wandlungen erlebt, Kriege und Brände überstanden und zigfach die Besitzer gewechselt. Es diente als Amtsschreiberei, Wagner- und Schlosserei, Forstverwaltung, nach dem Zweiten Weltkrieg für ein paar Jahre als Wohnhaus. Ab Mitte der 1970er Jahre baute die Familie Pirkl es zum Hotel mit gemütlichem Restaurant um. Die 25 Zimmer wurden 2020 komplett renoviert. 2018 Jahr später kehrte Dominik Pirkl in den Betrieb seiner Eltern Klaus und Stanja zurück, da gerade zwei Köche ausgefallen war. Seine Entscheidung, hier zu bleiben, war ein Glücksfall.

Die bayerische Wirtshausküche und der Gourmet-Gedanke sind für Dominik Pirkl keine Gegensätze. Der Küchenchef sammelte u.a. Erfahrungen im Zwei-Sterne-Restaurant Eisvogel, Neuburg vorm Wald, auch war er nach seiner Ausbildung ein Jahr lang Jungkoch in der Alpenrose in Maurach, Österreich. „Man kann feine Gerichte der Sternegastronomie umwandeln in normale Gerichte, die für Waldsassen und die Region stehen – mit weniger Aufwand und größeren Portionen, aber einem Maximum an Geschmack", lautet seine Überzeugung. Im Frühjahr und im Herbst zelebriert das Restauarant dies bei Gala-Dinners mit Weinbegleitung, darüber hinaus auch für geschlossene Gesellschaften.

Bei den Gerichten der umfangreichen Karte setzt sich der hohe Qualitätsanspruch des Hauses fort, ob bei Braten- oder Fischklassikern, Wildgerichten, regional-saisonalen Variationen, bis hin zu Schnitzel und Braten. Der Küchenchef zählt Schnitzel zu seinen Lieblingsgerichten und weiß als vielseitig talentierter Koch gerade auch das Einfache besonders zu schätzen.

Hotel zum ehemaligen Königlichen-Bayerischen Forsthaus

Basilikaplatz 5
95652 Waldsassen
www.koenigliches-forsthaus.de
info@koenigliches-forsthaus.de
Tel. 09632 / 92040

Öffnungszeiten:
Täglich 10 - 22 Uhr
Küche:
11.30 - 14 Uhr
17 - 21 Uhr

Gefüllte Rehroulade mit feiner Preiselbeer-Thymiansauce, dazu Brezenknödel und Pastinakenwürfel

von Wolfgang Sperber

Zutaten
(für 2 Personen)

Roulade:
2 Rehschnitzel aus der Oberschale ca. 150g
4 Scheiben Räucherbauch
2 EL Preiselbeeren
1 kl. Sellerieknolle
Salz, Pfeffer, Fett

Röstgemüse:
Sellerie, Zwiebel, Lauch,
Karotte (je einen gr. Esslöffel)

Sauce:
Thymianzweig,
1 EL Preiselbeeren
100ml Sahne

Brezenknödel:
3 - 4 altgebackene Brezen
2 Eier
Milch nach Ansaugstärke der Brezen
1 TL gehackte Petersilie

Pastinaken:
ca. 500g in Würfel
1 EL Butter

Zubereitung

Roulade:
Rehschnitzel sehr dünn klopfen, beidseitig salzen und pfeffern, mit Preiselbeeren bestreichen, mit je 2 Scheiben Räucherbauch belegen, den Sellerie schälen, in dünne Scheiben schneiden und ca. 4 cm lange Streifen auf den Räucherbauch mittig legen. Roulade zusammenrollen mit 2 Zahnstochern festigen. Röstgemüse in kleinem Bräter mit Fett stark erhitzen, die Rouladen anschmoren, mit Deckel ca. 10 Minuten anbraten. Je nach Flüssigkeit mit etwas Bouillon angießen.
Garzeit ca. 50-60 Minuten, zum Schluss die Sauce passieren, mit Sahne verfeinern, Preiselbeeren, Thymian in die Sauce geben, mit Salz und Pfeffer abschmecken.

Brezenknödel:
Brezen in grobe Scheiben schneiden, mit Milch anfeuchten, Eier mit etwas Milch vermischen und über die Brezen geben, alles zu einer festen Masse kneten und eine halbe Std. ziehen lassen, gehackte Petersilie untermischen und zu kleinen Knödeln glatt abdrehen, ca. 20 Minuten in Salzwasser kochen.

Pastinaken:
Schälen und in 2cm große Würfel schneiden, in Salzwasser ca. 3 Min. blanchieren, gut abtropfen lassen und in der Pfanne mit Butter anbraten.

Die Freude am Genuss trägt weit

Historische Wirtshausarchitektur, gutbürgerliches Ambiente, eine Schlemmerküche, die mühelos den Spagat zwischen bayerisch-österreichischer Tradition und italienischem Dolce vita meistert - Der Bayerische Hof ist ein Wirtshaus aus einem Guss.

Die liebevollen Gastgeber vom Bayerischen Hof.

Küchenchef Wolfgang Sperber in seinem Element.

„Alles aus einer Hand“ lautet der Anspruch der Familie Sperber, die das Haus in dritter Generation betreibt und mit erstaunlicher Vielseitigkeit aufwartet.

Die bayerische Küche ist ohne Einflüsse aus Österreich beziehungsweise Böhmen undenkbar. Küchenchef Wolfgang Sperber hält diese Tradition mit hochwertigen Produkten in Ehren. Er lernte schon in jungen Jahren, Soßen präzise abzuschmecken und wie wichtig es ist, ein Produkt bestmöglich zu verwerten. Die Rezepte für beliebte Gerichte wie die frische, feinsäuerliche Kalbsleber, den exzellenten Zwiebelrostbraten und die herzhafte Tellersülze hat die Familie über Generationen weitergegeben.

Die Frischeprodukte stammen generell aus dem regionalen Umkreis, vom Karpfen über den Kalbsrücken bis zum Jungbullen-Roastbeef. Kräuter und Früchte wachsen zum Teil im Garten hinter der Küche. Ehefrau Sabine steht dem Küchenchef als Hotel- und Serviceleiterin mit ganzem Engagement zur Seite. Ihr Sohn Matthias hat sich als stellvertretender Küchenchef auf Desserts spezialisiert – den Kaiserschmarrn bringt er in Omas Ölplattenherd wundervoll auf den Punkt – und Tochter Stefanie arbeitet engagiert im Service mit.
„Alles muss gut bis sehr gut sein, auch Leberkäs mit Ei, alles hat seine Wertigkeit, gerade auch Nebenprodukte. Daher kommt nichts aus der Dose, sogar die Marmeladen für das Frühstück machen wir selbst“, erklärt Wolfgang Sperber. Da der Koch dem Gourmet-Gedanken zugetan ist und gerne reist, am liebsten nach Südtirol, finden sich auf der Karte auch italienische Klassiker á la Saltimbocca und Piccata.

Die elementare Freude am Genuss trägt weit und sie entfaltet bei den Festen eine besondere Anziehungskraft. Zu den Highlights zählen: ein Starkbierfest im Frühjahr, Spargelwochen, Schwammerlwochen, Fischwochen und das Silvestermenü.

Bayerischer Hof
Bahnhofstr. 15
95652 Waldsassen
Tel. 09632 / 923130
www.bayerischerhof-waldsassen.de
info@bayerischerhof-waldsassen.de

Öffnungszeiten Gasthaus
Montag und Freitag
17.30 - 22 Uhr
Dienstag, Donnerstag, Samstag, Sonntag, Feiertage
11.30 - 14 Uhr und
17.30 - 22 Uhr
Mittwoch Ruhetag (Restaurant geschlossen)

Das Hotel des Hauses bietet 15 Zimmer und hat täglich geöffnet

Cocktails

von Veronica und Thomas Fellner

Cucumber-Gin-Sparkler

Zutaten

4cl Gin
2cl Gurkensirup
0,2l Tonic Water

Deko: Gurkenscheiben, Kräuterzweig (Minze, Thymian oder Rosmarin)

Zubereitung

Longdrink-Glas zur Hälfte mit Eiswürfeln befüllen, mit Gurkenscheiben und Kräuterzweig dekorieren. Gin, Gurkensirup und Tonic Water aufgießen.

Spritz-Berry-Gin

Zutaten

4cl Gin
3cl Erdbeersirup
2cl Holunderblütensirup
1 Spritzer Mineralwasser
15cl Sekt
Deko: Beeren, Minze

Zubereitung

Longdrink-Glas zur Hälfte mit Eiswürfeln befüllen, Beeren und Minze dazu geben, Gin, Erdbeersirup und Holundersirup, Mineralwasser und Sekt aufgießen.

Unser Tipp

Seien Sie kreativ! Probieren Sie eigene Varianten aus, entdecken Sie die Vielfalt alkoholfreier Gin-Varianten. Früchte lassen sich ganz einfach tauschen, Sekt kann durch Limonaden ersetzt werden. Erlaubt ist, was schmeckt!

Die Überraschung liegt nebenan

Ein Geheimtipp läßt sich nicht planen. In der Gastronomie zeichnen sich solche Adressen durch ein unscheinbares Äußeres aus, das die wahren Qualitäten nicht auf den ersten Blick verrät.

So unscheinbar wie die Lage dieses Neualbenreuther Geheimtipps ist auch der Name: „Die CafeBar".

Mit einer CafeBar machten sich Veronica und Thomas Fellner 2005 in der Kurallee beim Sibyllenbad selbstständig. Kaffee und Kuchen, kleine Imbisse und Getränke von der Bar standen im Mittelpunkt. Doch die Qualität von Küche und Service überzeugte viele Gäste und mit der Zeit wuchs mit der Nachfrage auch das Angebot.

Inzwischen liegt der Schwerpunkt des Lokals auf dem Abendgeschäft. Die kleine überschaubare Speisekarte enthält Standards wie Salate, Suppen, Nudelgerichte, Flammkuchen und Schnitzel vom Strohschwein. Aber auch heimischer Fisch und Geschmortes vom Rind sind zeitweise drauf zu finden sowie eine kleine Auswahl an Desserts, auf Wunsch auch vegane und glutenfreie Gerichte. Bei allen Gerichten beherzigt Thomas Fellner als Quereinsteiger die Regeln bodenständiger Küche: Top-Produkte, möglichst regionale Herkunft, frische und sorgsame Zubereitung, Verzicht auf Geschmacksverstärker, keine Dosen oder Tütchen-Fertigware. „Alles, was hier gekocht wird, essen wir auch selber gerne!"

Was ist das Besondere an der CafeBar? Für treue Urlaubsgäste ist es wie Heimkommen, für Tagesgäste des Sibyllenbades die Symbiose: Wellness und CafeBar, für Einheimische das Lokal, in das man entweder zum Essen kommt oder einfach nur ein Glas Wein, Bier oder einen Espresso an der Bar genießt. Fast wie in Italien. Manche kommen auch nach dem Essen auf ein Dessert vorbei oder einen Longdrink, verbunden mit einem kleinen Plausch, man kennt sich halt.
Dass sich die Gäste in ungezwungener, gepflegter Atmosphäre wohlfühlen, dafür sorgt die gelernte Hotelfachfrau Veronica Fellner. Eine schöne Besonderheit: Thomas Fellner ist obendrein ein Gelegenheits-DJ und legt Platten seiner Sammlung auf, wenn es die Zeit nach dem Küchendienst noch zulässt. Spätestens dann ist auch die Zeit für einen Cocktail angebrochen.

Die Kleinigkeiten sind es, die Veronica und Thomas Fellners Cafebar besonders machen, angefangen bei den Drinks über das Essen bis zur Musik.

Die Cafebar – Fellner's Restaurant

Kurallee 3
95698
Bad Neualbenreuth
Tel. 09638 / 939757
die-cafebar
@t-online.de

Öffnungszeiten:
Donnerstag
bis Montag
17.30 – 22 Uhr

Wilde Vielfalt am Grünen Band

Spezialitäten (3): Wildkräuter im Stiftland

von Cornelia Müller

Wenn zwei aufeinandertreffen, kommt es zur Begegnung. Immer gibt es eine Grenze. Hier ist Mein und das ist Dein, bis hierhin regiere ich und hier ist dein Reich. Das Stiftland lag vor allem in den Jahrzehnten nach 1945 an einer spannungsreichen Grenze. Der Kalte Krieg und der Todesstreifen ließen die Region zum Grenzraum werden und wer von außen dazustieß, meinte schon mal, hier sei „die Katz g'freckt". Die Sicherung und Überwachung des Grenzgebiets trugen in der Tat dazu bei, dass hier lange wenig los war. Genau diese Ruhe hat über Jahrzehnte aber etwas sehr Schönes hervorgebracht: eine bunte und lebendige Vielfalt der Natur. Viele kleine Pflanzen konnten vor sich hinwachsen und sich vermehren. Und nicht nur für das Grün wurde die Gegend zu einem Eldorado, auch für Tiere, vor allem nach Abbau der wehrhaften Einrichtungen. Entlang des Eisernen Vorhangs ist ein Biokorridor entstanden, eine Trasse der Biodiversität, die heute das „Grüne Band Europas" heißt. Wie sich die Geschichte wandelt! Aus einem feindlichen Grenzraum wurde ein liebliches Areal, das hüben und drüben verbindet.

Im Bärnauer Hinterland strolcht man übers Land und entdeckt Wiesenorchideen, Kreuzblümchen, Jakobsleitern, Arnika, Läusekräuter und noch vieles mehr. Wildkräuter gehören zu den natürlichen Schätzen der Region, optisch wie kulinarisch – wenn man weiß, wo man suchen muss! Dieses Wissen von Kräuterkundigen ist Gold wert und jeder kann es nutzen. Das Netzwerk Kräuter&Leut hat sich diesem Schatz verschrieben und eine Plattform für Kräuterwissen und -veranstaltungen hier im Nordosten Bayerns entwickelt. Seit mehr

Magerwiesen-Vielfalt Gerade die Magerwiesen sind es, die uns mit ihrer ursprünglichen Vielfalt verzaubern. Seltene Arten von Wiesenorchideen stehen im Bärnauer Hinterland zusammen mit Arnika und Waldhyazinthen. Kräuter&Leut bietet eine genussvolle Naturwanderung entlang von Wiesenebenen und Waldwegen an, bei der die TeilnehmerInnen die wunderbaren, kleinen Geschöpfe kennenlernen. Die Tour führt zu einem Aussichtspunkt, der mit Fernsicht begeistert.

als einem Jahrzehnt werden im Kloster- und Umweltgarten der Stiftung Abtei Waldsassen (KUBZ Waldsassen) zertifizierte KräuterführerInnen ausgebildet. Zusätzlich zu dem alten Wissen, das von Kräuterkundigen in der Region lebendig gehalten und wie früher von Mensch zu Mensch weitergegeben wird, hat auch diese junge Institution dafür gesorgt, dass Pflanzenwissen noch mehr zu einem Bestandteil des Alltags wird.

Regio-Packerl für Zuhause

Die Kräuterkundigen haben es sich zur Aufgabe gemacht, die Vielfalt an Kräutern im Stiftland und der Umgebung erfahrbar zu machen und ein besonderes Angebot entwickelt: die Regio-Packerl-Auszeit. Bei dieser kleinen Auszeit wird man durch besondere Orte des Naturreichtums geführt. Ob allein, als Familie oder kleine Gruppe – individuell wird der Inhalt und die Wanderung abgestimmt. Am Ende gibt es ein Packerl regionaler Schätze für Zuhause. Im Leinentuch eingepackt und passend zum Ort kann von handfestem Genuss bis hin zu Büchlein Verschiedenes rund um die Faszination Kräuter enthalten sein. Die Wanderungen gehen

Läusekraut, Kreuzblümchen und Arnika – im Bärnauer Hinterland blüht die Vielfalt.

im Westen des Stiftlands ins mystische Waldnaabtal, zum „Fluss-Rauschen" und ins „Tal der Wollsäcke". In Waldsassen kann man sich eine Auszeit mit „Bienengesumm" und „Heilkräuter der Himmelskönigin" gönnen und in Bärnau „Kräuterwerk im Geschichtspark" oder eine Wanderung ins Bärnauer Hinterland buchen.

Naturschätze am Wasser

Besonders sind auch die Wanderungen in die Teichpfanne. Bei der Auszeit „Im Land der 1000 Teiche" und „Faszination Teich" tauchen die TeilnehmerInnen in den Grenzraum zwischen Wasser und Land ein. Denn auch hier erzeugen zwei Grenzen eine unglaubliche Vielfalt. In der Region gibt es keine großen Flüsse, aber viele kleine Bäche. Die Teiche liegen häufig nah beieinander und das Wasser vom einen läuft in den anderen, um das Wasser gut nutzen zu können. Die terrassenförmig angelegten Gewässer sind Kulturgut, von Menschen geschaffen, sonst wären es Seen oder Weiher. Dazwischen entsteht ein wunderbarer Lebensraum. Rohrkolben stehen neben Sumpfgras, Wollgräsern und Blutweiderich. Es gibt giftige Vertreter wie den Schierling, der einst Sokrates das Leben gekostet hat, als er den Schierlingsbecher zu sich nahm. Ebenfalls nah am

Wasser tummeln sich Odermennig, Kalmus, Baldrian und Bach-Nelkenwurz (Bild oben).

Vielfalt gedeiht auch entlang der Bäche. Sie entspringen an der Wasserscheide und fließen entweder gen Norden Richtung Elbe und Nordsee oder Richtung Süden, um im Schwarzen Meer zu enden. Das quellnahe Wasser ist sehr sauber. Das kommt auch der Brunnenkresse zugute, die hier üppig gedeiht. Außerdem dürfen viele Bäche im Stiftland und gegenüber im Steinwald noch mäandrieren. Sie schlängeln sich durch Gestein und Landschaft, werden mal schnell und rauschend, mal kurven die Wasserarme seicht dahin. Mal verzweigen sie sich und kommen dann wieder zusammen. Überall generieren sie Naturvielfalt und Wildkräuter in Hülle und Fülle.

Köstlichkeiten an Waldrändern

Auch an Waldrändern und in Hecken geht es bunt her. Neben Vogelbeeren und Schlehen, zwischen Brombeeren und Himbeeren fühlt sich die Heckenrose wohl. Sie versorgt uns im Herbst mit einer Köstlichkeit – dem Hagebuttenmark, auch Hiferlmark genannt. Wer es selbst zubereitet hat, weiß, wie süß der Lohn für diese harte Arbeit ist. Diese Frucht kann uns mit etwas Einzigartigem versorgen. Sie enthält hitzebeständiges Vitamin C. Während die Vitamine von Zitronensaft beim Erhitzen verloren gehen, bleiben die wertvollen Inhaltsstoffe der Hagebutte erhalten. Die Wissenschaft hat den Grund bisher noch nicht herausgefunden. Die positive Wirkung ist jedoch bestens belegt:
Das eingekochte Mark ist eine wahre Vitaminbombe, und das nicht nur, weil sie 20 mal mehr Vitamin C enthält als die berüchtigte Zitrone, sondern auch Carotinoide, Flavonoide, Gerbstoffe, Pektin, Polyphenole und einiges mehr. Gesundheitlich kann sie uns daher vielseitig unterstützen, das Immunsystem stärken, Entzündungen hemmen und die Verdauung fördern. Daher wird die Frucht in der Volksheilkunde auch bei Gicht, Rheuma, Vitamin C-Mangel, Durchfall, Gallenbeschwerden und anderen Beschwerden empfohlen.
Dabei war bislang nur vom Mark die Rede. Auch die unverarbeiteten „Nüsschen" sind zu etwas Gutem da. Als Tee aufgebrüht helfen sie bei Blasenentzündung. Mitsamt den Härchen werden sie von Kindern als Juckpulver verwendet. Selbst ein wertvolles Öl, das Hagebuttenkernöl, kann man aus ihnen gewinnen – ein hochgelobtes Produkt bei Narbenbehandlung und zur Faltenreduktion. Gut verwertbar sind zudem die duftenden Blütenblätter und noch vieles mehr.

Ein Männlein steht im Walde – die Hagebutte (oben) oder die blühende Apfelrose. Ein faszinierendes und potentes Gewächs von Frucht, Blüte bis hin zu den Kernen.

Die Vielfalt, die in einer Pflanze steckt, begeistert die Kräuterkundigen. Mit dieser Faszination nehmen sie die Menschen mit in die Natur und zeigen ihnen die vielen kleinen und großen Wunder – individuell mit einer Regio-Packerl Auszeit, Kursen, Vorträgen und Seminaren.

Kräuter&Leut laden zu einer vielseitigen Entdeckung der Natur ein – ob heilkundlich, sinnlich, genussvoll, pflegend, ob wissenschaftlich oder über alte Bräuche und Sagen, über Aussehen, Bestäubungsart und Standortanalyse oder die alten Verwendungen im Handwerk. Die Wildkräuter, Sträucher und Bäume haben die Menschen schon immer begleitet und halten auch heute noch Unterstützung bereit – Jahr für Jahr.

www.kundl.online

WinterWeihnacht

Um die stille Zeit mit wundervollen Momenten zu füllen, haben Kräuter&Leut die schönsten Rezepte und Ideen gesammelt: Aroma-Kakao und Tannen-Bratkartoffeln, Rosentaler und Winter-Pizza, dreierlei Weihnachtsbraten sowie Punsche und Liköre. Und noch so vieles mehr. Dazu stellt das Buch „WinterWeihnacht" alte Bräuche wie die Christbaum-Traditionen und Türkränze-Binden, aber auch neuere Familienbräuche wie Schlafen unterm Christbaum oder die „WaldWeihnacht" vor. Auch dem Sinnlichen und Pflegenden widmet es sich: mit Do-it-Yourself-Anleitungen für Kräuterhaarmasken, Aroma-Roller gegen Weihnachtsstress, Duftzapfen und Kräuter-Geschenkanhängern.

Was die Seele braucht

Warum die Ferienregion Stiftland ein Geheimtipp ist

von Belinda Hoyer

Beim Waldbaden im Kurwald bei Bad Neualbenreuth.

Wann ist wieder Zeit für Genuss? Vermutlich denkt bei dieser Frage jeder an Gelegenheiten für ein gutes Essen, Muße, Urlaub. Dabei kann jeder von uns das Leben ganz elementar und ursprünglich genießen, zu jeder Zeit. Ich lade Sie zu einem Selbstversuch ein: Konzentrieren Sie sich fünf bis zehn Minuten auf nichts anderes als Ihre Sinneseindrücke. Lassen Sie alle Gedanken an anstrengende Aufgaben fallen. Nur Ihre Sinneseindrücke sind wichtig. Sie werden feststellen, dass Sie je nach Übung relativ schnell Genuss empfinden. Selbst Kranke kennen diesen Effekt, sobald sie ihren Geist beruhigen und Linderung spüren.

Genießen braucht Zeit. Optimalerweise mehr als die oben genannten fünf bis zehn Minuten. Das gilt erst recht für die Genussmittel, die Menschen produzieren. Gutes braucht hier oft viel Zeit, um reifen zu können. Auch die Seele braucht ab an und an eine ausgiebige Genusszeit...

Raum zum Durchatmen und Kraft tanken

Die Ferienregion Stiftland im Oberpfälzer Wald bietet alle Voraussetzungen für eine Auszeit. Sie gilt momentan noch als Geheimtipp unter Erholungssuchenden, die sich abseits vom Alltagstrubel und der Höher-, Schneller-, Weiter-Mentalität eine Auszeit gönnen wollen. Bei einer Auszeit können wir ganz bewusst die Zeit vergessen, uns aus der Zeit herausnehmen, unseren Impulsen folgen, nur noch dem folgen, was unserem Geist und unserer Seele guttut. Und das ist vielleicht das Geheimnis in der Ferienregion Stiftland: Hier finden Sie als Urlaubsgast all das, was Sie gestärkt und mit neuen Kräften versehen wieder in Ihren Alltag zu Hause zurückkehren lässt.

Gewiss, es gibt viele Gegenden, in denen das möglich ist. Quirlige Metropolen gehören jedoch nicht dazu. Auch der bloße Konsum von Freizeitaktivitäten ist nicht das, was wir als kostbare Momente des Lebens, als Genuss empfinden. Die „Zeitlosigkeit" der Natur und die Schönheit einer Landschaft, die dem Auge viele kleine Anregungen bietet, eine gewisse Vertrautheit mit den Lebensumständen, ein Leben mit menschlichem Maß – all das bringt uns der Welt und jenen kostbaren, innigen Momenten sehr viel näher. Für Hochgeschwindigkeitserlebnisse ist der Mensch nur bedingt geschaffen. Wir brauchen Gleichmaß, um uns in eine gewisse Harmonie einschwingen zu können. Wandern und Radfahren machen es möglich, Flüge und Autofahrten nicht, das Abhaken von Sehenswürdigkeiten genauso wenig.

Zeit für Begegnungen

Gastgeber, die sich Zeit für Menschen nehmen statt nur auf wirtschaftliche Effizienz zu achten, tragen zur Wohlfühlqualität entscheidend bei. Wer sich für einen Urlaub im Stiftland entscheidet, findet eine Fülle von schönen und einzigartigen Unterkünften vor, bei denen die Gastgeber mit einem freundlichen „Servus" die Türen öffnen, egal, ob in luxuriösen Hotels, liebevoll betreuten Pensionen und Ferienwohnungen, gemütlichen Gasthöfen und urigen Bauernhöfen. Wahrscheinlich hat das auch

damit zu tun, dass das Stiftland ein Refugium im Nordosten Bayerns ist, in dem die Uhren noch etwas anders ticken, in dem wir uns Zeit für das Miteinander und die persönliche Begegnung nehmen.

„Im Wald werden Sie kein W-LAN finden, aber es gibt eine bessere Verbindung, die Sie stattdessen wahrnehmen werden.“ So oder so ähnlich könnte es Ihnen und Ihren Liebsten im Stiftland ergehen. Romantische Stunden mit dem Partner, ein Freundinnenwochenende, ein Wellness-Urlaub mit ganz viel Zeit zum Lesen, ein Firmenausflug – all das sind nur ein paar Möglichkeiten der Auszeit. Vielleicht möchten Sie auch einmal Yoga ausprobieren oder sogar ein Sabbatical hier verbringen? Vielleicht verreisen Sie auch mit Ihren Kindern oder Enkeln und möchten ihnen gerne näherbringen, woher die Milch für den Kakao kommt? Dann können sie beim Urlaub auf einem der zahlreichen Bauernhöfe einem Landwirt über die Schulter schauen.

Die Ferienregion Stiftland ist ein Kleinod im Norden des Oberpfälzer und am Rande des Böhmerwaldes. Etwas versteckt gelegen, doch gut mit dem Auto zu erreichen. Für eine Zeit mit Mehrwert, eine echte Auszeit also, wie geschaffen.

Eine Übersicht zu Veranstaltungen, Gastgebern und Aktivitäten der Ferienregion Stiftland finden sie unter **www.ferienregion-stiftland.de**

Ein Kleinod für die große Zeit

Der Heindlhof
Poxdorf 4
95698
Bad Neualbenreuth
Tel. 09638 / 706
www.heindlhof.de
info@heindlhof.de

Ein Ort für einen Bademantel-und-Wellness-Urlaub. Jederzeit! Ein Rückzugsraum für Ruhesuchende, umschlossen von einem weitläufigen Garten und nahezu vollkommener Stille. Das auch.

Eine heimelige Festung mit großzügigen Zimmern und Appartements. Mit vielen kleinen Inseln, die den Urlaub zur schönsten Zeit des Jahres machen können. Die Aufzählung der Vorzüge, die die Gäste im Heindlhof genießen, ist bis hierhin noch unvollständig. Sie lässt aber eher ein großes Haus erwarten als einen ehemaligen Bauernhof, der über 12 Wohneinheiten und 26 Betten verfügt.

Schutz- und Rückzugsraum

Bäuerliche Idylle und moderner Luxus sind hier, am nordöstlichen Rand der Oberpfalz, eine einzigartige Verbindung eingegangen. Das zeigt schon der äußere Anblick: Beim Ausbau zum Feriendomizil blieb der Charakter des typischen Oberpfälzer Vierseithofs erhalten. Die geschlossene Anlage schützt den Hof wie schon zu alten Zeiten vor rauen Winden und strengen Wintern, die von Osten her über das Land ziehen können. Wie ein Rückzugsraum mutet auch die Lage im äußersten Eck der nördlichen Oberpfalz an. Die Luftlinie zur tschechischen Grenze beträgt nur drei Kilometer. Der Hof ist von Bauernhäusern und sanft geschwungenen Hügeln mit Wald und Wiesen umgeben. Ein beruhigender Anblick für die Gäste, aber auch für die Inhaberin Claudia Fuhrmann, die hier großgeworden ist und mit ihrem Mann Günter auf dem Hof lebt. Intakte, weitestgehend unverbaute Dörfer und Natur pur machen auch die weitere Umgebung zu einem schützenswerten Gut.

Als der Hof 1975 den ersten Gast willkommen hieß, war man vom heutigen Angebot noch himmelweit entfernt. Die Familie Heindl beherbergte anfangs lediglich Verwandte oder deren Freunde. Für die Übernachtung in einem Gästezimmer zahlten sie eine Zeitlang in Naturalien. 1996 stand Claudia Fuhrmann vor der Entscheidung, den elterlichen Hof mit einer Ferienwohnung und drei Zimmern zu übernehmen oder

Beim Ausbau des Heindlhofs blieb der Charakter des Vierseithofs erhalten. Rechts geht es in den Wellness-Bereich, hinter der Terrasse liegt der Frühstücksraum.

Mit einer kleinen Pension fing alles an. Claudia und Günter Fuhrmann (im Bild unten) bauten das familiäre Anwesen aus. Der Heindlhof bietet 12 sehr individuelle Wohneinheiten.

alles zu verkaufen. Letzteres kam für sie und ihren Mann nicht in Frage. Im Gegenteil: „Es war schon immer mein Traum, einen alten Bauernhof zu haben und herzurichten", erinnert sich Günter Fuhrmann. Es war dieser Traum, gepaart mit dem unvergleichlichen Engagement der Inhaber, und die Gunst der Stunde, die zum unaufhaltsamen Aufstieg des Hofs führten. 1999 kamen drei Ferienwohnungen und ein Zimmer hinzu, 2010 der Pool, 2012 der Wellness-Bereich, 2016 drei große Appartements und ein Zimmer, 2022 ein Wintergarten, eine größere Terrasse und ein Grillplatz. „Wir haben immer wieder erweitert, umgebaut, saniert, neugebaut, unser Geld reinvestiert, um den Gästen den Urlaub so angenehm wie möglich zu machen", führt Günter Fuhrmann aus.

Eine Prise Romantik

Dass die Inhaber am Hof wohnen, trägt wesentlich zum familiären Flair bei. Die Gäste können ein umfangreiches, liebevoll zubereitetes Frühstücksbüffet genießen, sich komplett selbst versorgen oder zum Essen außer Haus gehen. Der

Wohlfühlen unter Dach und Fach

Bad Neualbenreuth, Turmstraße 55: ein Egerländer Vierseithof wie aus dem Bilderbuch.

Pension Kesslsimerhof
Turmstr. 55
95698
Bad Neualbenreuth
Tel. 09638 / 357
www.kesslsimerhof.de
info@kesslsimerhof.de

Der Kesslsimerhof gehört zweifellos zu den schönsten Beispielen der Fachwerk-Architektur – im Egerland und darüber hinaus. Die besondere Mischung aus altehrwürdigem Bauernhof-Flair und einem neugebauten Gästehaus sorgt dafür, dass der Alltag auch beim Betreten des Hofes sofort vergessen ist. Seit gut 30 Jahren betreibt die Familie Köstler den Kesslsimerhof als Urlaubsdomizil – mit dem Grundsatz, es den Gästen so angenehm wie möglich zu machen. Das Angebot reicht von einem umfangreichen Gästeprogramm über gesundheitsbewusste Kulinarik bis zu Informationen über Kneipp-Anwendungen.

Die Inhaber sind tief mit Neualbenreuth und ihrem Hof verwurzelt. Seit 1630 befindet sich das Anwesen in Familienbesitz. Das langgezogene Fachwerkgebäude lässt sich anhand des Grundsteins auf 1767 datieren. Die Besitzer gehen davon aus, dass in den folgenden zehn Jahren der komplette Vierseithof entstanden ist. Der Name Kesslsimerhof leitet sich von der Berufsbezeichnung des Kesslers ab, an den der Vorname des einstigen Besitzers, Simon, angehängt wurde. Im Dialekt wandelte sich „Kesslsimon" zu „Kesslsimer".

Über Jahrhunderte diente der Hof ausschließlich der Landwirtschaft – bis zur Wende im geschichtsträchtigen Jahr 1989. „Als 1989 das Sibyllenbad in Neualbenreuth eröffnete, war das für mich die Initialzündung", verrät Helga Köstler. Mit ihrem Mann Ferdinand und befreundeten Schreinern richteten die Inhaber zunächst zwei Ferienwohnungen im Fachwerkhaus ein und bauten anschließend an der Stelle eines alten, heruntergekommenen Heustadels ein neues Gästehaus mit sechs Ferienwohnungen und zwei Doppelzimmern. Bei der Energieversorgung ist die Familie dank Hackschnitzel-Heizung, Photovoltaik und Solar nahezu unabhängig vom öffentlichen Netz. Ferdinand Köstler gab die Tierhaltung auf, konzentriert sich auf Ackerbau und Jagd und ist mit anderen Landwirten an einer Biogas-Anlage beteiligt.

Die Gastgeberin Helga Köstler (rechte Seite mit ihrem Mann Ferdinand) ist Wildkräuter-Expertin und sehr vielseitig, wenn es um die kulinarischen Wünsche der Gäste geht. Das Rezept zu ihrer Wildkräutersuppe (im Bild) befindet sich auf S. 78.

Küche für Gesundheitsbewusste

Helga Köstler hat die Pflege und den Ausbau des Urlaubsdomizils zu ihrer Herzenssache gemacht. Als Wildkräuter-Expertin und Mitglied der Gruppe „Wirte für gesundheitsbewusste Gäste" entwickelte sie die Küche zu einem Aushängeschild des Hauses. Ob Basenfasten, glutenfreie oder laktosefreie Ernährung, vegane, vegetarische oder klassische Küche mit Fisch oder Fleisch, ein umfangreiches Frühstücksbüffet – alles bereitet sie aus hochwertigen, eigenen und regionalen Lebensmitteln der Saison frisch zu. Auch Gäste von außerhalb sind in der hauseigenen Gaststätte, die Platz für bis zu 30 Personen bietet, willkommen. Sie sollten jedoch mindestens einen

Tag vorher bei der Köchin nach freien Plätzen fragen und das Essen vorbestellen.

2018 hat das Ehepaar Köstler den Hof an ihren jüngsten Sohn Sebastian-Alexander übergeben. Alle Familienmitglieder sind für das Wohl der Gäste da. Vor allem in der warmen Jahreszeit laden die Gastgeber zu zahlreichen Aktivitäten ein, inklusive Traktorfahrten für die Kleinen, Kräuter-Führungen für Erwachsene, Führungen durch das Gerätemuseum in der Scheune... Junge Familien mit kleinen Kindern sind nicht die einzigen Gäste. Gerade auch Paare und Wellness-Urlauber können hier auch in Verbindung mit dem Sibyllenbad die schönste Zeit des Jahres genießen.

Ein Bild von einem Egerer Fachwerkhaus. Das Haupthaus des Kesslsimerhofes ist dank liebevoller Pflege außen wie innen bestens erhalten.

Egerländer Gerichte aus Omas Zeiten

von Helga Köstler

Erdäpfelballen

(für 4 Personen)

Zutaten
10 mittelgroße Kartoffeln,
2 kleine Zwiebeln
100g Speck oder durchwachsener geräucherter Bauch
1 Ei
6 EL Mehl
Salz, Pfeffer, Majoran
Fett oder Öl für die Bratpfanne

Zubereitung
Die Kartoffeln mit Schale kochen (evtl. am Vortag), anschließend schälen, durchpressen und kalt werden lassen. Die Zwiebeln und den Speck in kleine Würfel schneiden, mit den restlichen Zutaten zu einem Teig verkneten und abschmecken. Runde Knödel formen, flach drücken, in die gefettete Pfanne und in der Röhre bei 200°C 45 Minuten braten. Nach der halben Zeit wenden und fertig braten.
Dazu schmeckt Pimperlkraut (gedünstetes Weißkraut) und gelbes Rübengemüse.

Wildkräutersüppchen

(für 4 Personen)

Zutaten
1 Zwiebel
2 große Kartoffeln
1 kleine Lauchstange
1/2 Bund Frühlingszwiebel
20g Butter
3/4 l Gemüsebrühe
1 Tasse Milch
100ml Sahne
Salz, Pfeffer
1 Hand voll Wildkräuter wie Brennnessel, Giersch, Löwenzahn, Sauerampfer, Knoblauchsrauke, Melde, Vogelmiere usw. (davon junge Blätter oder die Spitzen)

Zubereitung
Zwiebel und Kartoffeln würfeln, Lauch und Frühlingszwiebel in Ringe schneiden und Gemüse in Butter anschwitzen. Mit Gemüsebrühe, Milch und Sahne aufgießen und ca. 8 Minuten leise köcheln lassen. Grob geschnittene Wildkräuter dazu geben und mit Pürierstab oder Thermomix pürieren.

Wichtig: Die Suppe sollte nach Zugabe der Kräuter nicht mehr kochen, da manche Kräuter dadurch bitter werden! Nochmal abschmecken und die Suppe auf Tellern anrichten. Mit einem Tupfer Sahne und essbaren Blüten wie Gänseblümchen, Borretschblüten, Ringelblumen usw. verzieren.

Liwanzen aus flüssigem Hefeteig

(für 4 Personen)

Zutaten

300g Mehl (Type 550 oder 405)
20g Hefe
1 EL Zucker
1 Vanillezucker
1 Prise Salz
2 Eier
3/4 l lauwarme Milch
Öl für die Pfanne oder Liwanzenpfanne

Zubereitung

Mehl in eine Rührschüssel sieben, die Hefe mit dem Zucker und etwas Milch verrühren und in die Mitte des Mehls geben, etwas gehen lassen. Restliche Zutaten zugeben und mit dem Rührgerät zu einem dickflüssigen Teig schlagen, nochmals gehen lassen.
In eine ausgefettete heiße Pfanne oder Liwanzenpfanne je einen Eßlöffel Teig geben und die Liwanzen auf beiden Seiten goldbraun backen. Die fertigen Liwanzen warm stellen, kurz vor dem Servieren mit Zucker/Zimt bestreuen. Mit Sahnetupfer und Apfelmus ist das eine leckere Süßspeise.

Architektur
Design
Ausstattung

Das hochmoderne IGZ hat sich einen ausgezeichneten Ruf als „Softwareschmiede“ erarbeitet. Auch Programmieren kann ein Handwerk sein.

Glasmacher, Textilfabrikanten, Ingenieure

Zur Industriegeschichte des Landkreises Tirschenreuth

von Josef Paukner

Nach landläufigen Vorurteilen ist der Landkreis Tirschenreuth ein eher armer Landstrich. Nachrichten über den Niedergang alter Industrien, besonders auch über die Schließung von Porzellanfabriken, bestimmten lange die mediale Berichterstattung. Wenn wir – wie im Folgenden – die Wirtschaftsgeschichte dieser Region näher betrachten, lässt sich diese einseitige Zuspitzung nicht halten. Das Bild ist vielschichtiger. Dabei ist klar, dass man sich mit der Wirtschaftsgeschichte heute anders zu befassen hat als vor 30 Jahren. Es steht außer Frage, dass wir aufhören müssen, fossile Energieträger zu verbrennen. Wir sehen, dass die Globalisierung neben großen Fortschritten auch sehr hohe Risiken verursacht hat. Eine ganz zentrale Frage ist, wem wirtschaftlicher Fortschritt nutzt, ob er die Lebensqualität verbessert, wie sich Wohlstand verteilt und unter welchen Bedingungen Menschen arbeiten.

Kleine Betriebe, kurze Wege

Holzfeuer und Wasserkraft waren neben der Kraft von Menschen und Tieren die Energiebasis für das Wirtschaften in der Zeit um 1800. Holz war ebenso wie fließendes Wasser nur begrenzt verfügbar. So kam es zu einer ausgeprägten Dezentralisierung des Gewerbes. Sehr deutlich wird dies bei der Eisen- und Glasindustrie. Auch wenn es an manchen Orten reichlich Eisenerz und Quarzsand gab, mangelte es stets an Holz. Die Betriebe verteilten sich über größere Gebiete und nutzten das Holz der näheren Umgebung und die Wasserkraft am Ort. Das technologische Niveau konnte beachtlich sein, aber größere Fabriken konnten nicht entstehen. Die Glasherstellung hatte sich früh in waldreiche Regionen wie den Oberpfälzer Wald verlagert und die Hütten konnten nur soweit wachsen, wie in der Umgebung Holz zur Verfügung stand. Im 18. und 19. Jahrhundert entwickelten sich in der Oberpfalz viele Schleif- und Polierwerke, die Flachglas herstellten. Weil sie mit

Die Porzellanfabriken Seltmann beweisen, dass hochwertiges Porzellan nach wie vor in der Region hergestellt werden kann (im Bild die Serie BEAT Color Glaze).

Die Arbeitstechniken in der Glashütte Lamberts, Waldsassen, sind hochspezialisiert und sogar als immaterielles Kulturerbe anerkannt.

Wasserkraft arbeiteten, verteilte sich die Produktion auf eine Vielzahl von Betrieben entlang der Flüsse und größeren Bäche.

Kleine Betriebe, kurze Wege – das war ein Grundzug im Wirtschaften vor- und frühindustrieller Zeit. Einige Dinge konnte man nicht in der Umgebung der Dörfer und Städte herstellen. Um diese zu erwerben, brauchte es Geld und für den Handel brauchte es Erzeugnisse, die über eine Region hinaus von Wert waren. Der Verkauf von Überschüssen aus der Landwirtschaft brachte in der nördlichen Oberpfalz jedoch wenig, denn der Ertrag war hier mäßig. Ein überregional bedeutsames Gut aus dem Stiftland war Fisch, vor allem Karpfen.

Tirschenreuth war durch die Tuchmacherei überregional bekannt. Hierfür wurden Flächen, die im Ackerbau wenig Ertrag brachten, für die Haltung von Schafen genutzt. Auch an anderen Orten wie Waldsassen und Mitterteich blühte die Tuchmacherei. Alles in allem war es eine behäbige Welt, die im Nachhinein als eine Zeit der Rückständigkeit und der Armut gesehen werden kann. Man kann diese vor- und frühindustrielle Zeit aber auch als ein beschauliches Biedermeier mit bescheidenem Wohlstand sehen.

Ein neues Konzept: Kohle, Maschinen, Eisenbahnen und große Märkte

Mit der Eisenbahn und mit der Einfuhr von Kohle begann auch in der Oberpfalz ein neues Zeitalter. Der Bau der Eisenbahnen geschah in Ostbayern durch die 1856 gegründete Bayerische Ostbahn-Aktiengesellschaft. 1863 konnten die Linien von Schwandorf nach Weiden und Bayreuth eröffnet werden. 1864/65 wurden die Bahnlinien von Weiden über Wiesau und Mitterteich nach Eger fertiggestellt. 1872 folgte der Bau von Nebenbahnstrecken wie der Bahnlinie von Wiesau nach Tirschenreuth. Mit der Eisenbahn veränderte sich die gesamte Wirtschaftsgeografie. Die Glasindustrie verlagerte sich von den waldreichen Bergen zu den Bahnhöfen, in denen Kohle verfügbar war. Kleinere Glashütten in waldreichen Gebieten, wie die Glashütte Silberhütte bei Bärnau, gingen unter. Für die Entwicklung der Glasindustrie im Oberpfälzer Wald und im Fichtelgebirge war bedeutsam, dass sich hier in größerer

Zahl Glasschleifen befanden, die mit Wasserkraft Tafelglas so schliffen und polierten, dass es zu Spiegeln verarbeitet werden konnte.

Die Bahnhöfe waren für Produzenten und Konsumenten das Tor zur Welt. Bei hohen und steigenden Holzpreisen lohnte es sich, das Holz der Wälder zu den Bahnhöfen zu bringen und Holz zu sägen. Das Gebiet des heutigen Landkreises Tirschenreuth ist in geologischer Hinsicht sehr vielfältig und so gab es an verschiedenen Orten zudem gute Möglichkeiten, Steine, Sand und Erden abzubauen. Vor dem Eisenbahnbau wäre der Transport von Stein über weitere Entfernungen kaum lohnend gewesen. Nun brachten Steinbrüche Geld in ländliche Regionen. Aber die Wertschöpfung blieb gering. Die Verarbeitung geschah zunehmend in Industriestädten außerhalb der Region. In den meisten ländlichen Gemeinden überwog die Vernichtung alter Produktion. Zum Beispiel gingen der Anbau und die Verarbeitung von Flachs und die Leinenweberei unter der Konkurrenz von mechanisierten Spinnereien und Webereien in Industriebetrieben ein. Die meisten der vielen kleinen Mühlen verschwanden zu Gunsten großer, mit Dampfmaschinen arbeitender „Kunstmühlen“, die in anderen Regionen entstanden.

Der letzte Fassmacher in Tirschenreuth, Josef Mickisch, starb 1982. Das Andenken an alte Handwerkstechniken halten der Arbeitskreis Historisches Handwerk e.V. und die Handwerkerscheune Tirschenreuth in Ehren.

Diese Zerstörung alter Lebensgrundlagen ging einher mit einem Bevölkerungswachstum, das unter anderem aus einer besseren Versorgung mit Lebensmitteln und dem Ausbleiben von Seuchen zu erklären ist. Viele ländliche Gemeinden wurden für die Industrialisierung dadurch bedeutsam, dass Menschen von dort in die Industriestädte zogen und als Arbeitskräfte für wachsende Fabriken verfügbar waren. Die Vielzahl armer und unterbeschäftigter Menschen in der Region konnte in einigen Fällen auch den Aufbau von Industriebetrieben auf dem Land ermöglichen. Gut fassbar wird dies durch die Knopffabriken, die sich in Bärnau nahe der böhmischen Grenze seit dem ausgehenden 19. Jahrhundert entwickelten. Die niedrigen Löhne und der Fleiß der Arbeiter waren die wohl wichtigste Grundlage dafür, dass Bärnau zu einem Zentrum der deutschen Knopfindustrie heranwuchs.

Tirschenreuth – eine aufstrebende Industriestadt

An einigen Orten im heutigen Landkreis Tirschenreuth brachte die Industrialisierung aber mehr als nur Steinbrüche und Sägewerke hervor. Diese Orte lagen selbstverständlich an Eisenbahnstrecken. Herausragend war hier die Entwicklung in Tirschenreuth. In der Gründerzeit nach 1871 wandelte sich die Stadt zur Industriestadt mit hoher Wirtschaftskraft und rasch wachsender Bevölkerung. Das alteingesessene Bürgertum entwickelte einen starken Unternehmergeist und gründete Fabriken. Die lange Zeit größte Fabrik der Stadt war allerdings noch von außen angestoßen. 1830 wurde publik, dass nahe dem Ort Wondreb Kaolin gefunden worden war. Heinrich Eichhorn aus Schney bei Lichtenfels bemühte sich daher um die Genehmigung zum Bau einer Porzellan-

Links: Die 1878 gegründete Firma Hamm produzierte die erste Motorstraßenwalze der Welt. Sie entwickelte sich zum Erfolgsprodukt.

Unten: Die Tuchfabrik Gebrüder Mehler wurde 1644 gegründet und hat den Sprung ins Industriezeitalter bravourös gemeistert.

manufaktur. 1838 gilt als Gründungsjahr der Porzellanfabrik Tirschenreuth. Diese Werkstätte blieb aber längere Zeit eine kleine Filiale des Unternehmens in Schney. Erst um 1880 wuchs die Fabrik rasch heran. Das Werk arbeitete mit Dampfmaschinen und vergrößerte sein Gelände rasch.

Der Hafner Bernhard Wallner gründete 1865/66 eine Werkstätte, in der er neben dem üblichen Geschirr auch Kacheln für Öfen herstellte. Sein Sohn Johann Wallner baute sie seit den Jahren um 1890 zu einer Fabrik aus, die sich bald ganz auf die Produktion von Tonöfen (Kachelöfen) konzentrierte. Später entstanden weitere keramische Fabriken. Die Keramikindustrie war in dieser Zeit räumlich stark an Rohstoffvorkommen gebunden. Folglich war das Vorhandensein von Kaolin entscheidend für die Ansiedlung und das Wachstum der Porzellanindustrie. Wichtig war hier auch die Verfügbarkeit von Arbeitskräften, denn über sehr lange Zeit hinweg stach die Porzellanindustrie dadurch hervor, dass die Arbeit zum sehr großen Teil Handarbeit war. Besonders das feine, dünnwandige Tafelgeschirr, das zum bedeutendsten Produkt der Porzellanfabrik gehörte, ließ sich kaum maschinell herstellen.

Aus der jahrhundertealten Tradition der Tuchmacherei stammte die Familie Mehler. Seit 1644 betreiben Angehörige dieser Familie dieses Handwerk. Wie das gesamte alte Textilhandwerk schien es dem Untergang nahe. Angesichts der zunehmenden Mechanisierung errichteten die Tuchmacher gemeinschaftlich eine Tuchwalke, die mit Wasserkraft angetrieben wurde und bis 1890 bestand. Dies reichte aber nicht aus, gegen die mechanischen Textilfabriken bestehen zu können. Gegen die Konkurrenz der Fabriken konnte man sich nur behaupten, wenn man selbst eine Fabrik baute. Die Familie Mehler besaß das nötige Kapital und den Unternehmergeist für die Gründung einer Fabrik (siehe auch S. 98).

Eine andere Tirschenreuther Erfolgsgeschichte schrieben die Brüder Franz und Anton Hamm. Sie gründeten 1878 in Tirschenreuth eine Bauschlosser-Werkstatt, die sich 1888 auf die Herstellung von Landmaschinen umstellte. Es war die Zeit, in der viele Wagner, Schlosser und andere Handwerker Landmaschinen

Links: Akkurat gekleidet präsentieren sich die Mitarbeiterinnen der Firma Hatico bei der Einweihung des neuen Betriebsgebäudes im Jahr 1955.
Unten: Hatico-Mitarbeiterinnen bei der Arbeit.

entwickelten. Auffällig ist, dass viele dieser neuen Unternehmen in Bayerisch-Schwaben und im südlichen Württemberg, aber nur wenige in Altbayern entstanden. Die Brüder Hamm gehörten zu den Pionieren der Landtechnik in der Oberpfalz. Der Betrieb wuchs und wurde 1908 zur Maschinenfabrik. 1911 erhielten sie erstmals den Auftrag zum Bau einer Walze für den Straßenbau und in den folgenden Jahren entwickelte sich die Maschinenfabrik Hamm zu einem der führenden Hersteller für Walzen im Straßen- und Erdbau.

In Tirschenreuth war die Zeit zwischen 1871 und 1914 eine aufregende Zeit. Es schien, als würde das Geld auf der Straße liegen. Man brauchte nur gute Ideen und dann konnte man mit Fisch oder mit Straßenwalzen, mit Porzellan oder mit Tuchen Geld verdienen.

Kriege und Krisen, Auf und Ab

Der Erste Weltkrieg, die Inflationszeit und dann die 1929 einsetzende Weltwirtschaftskrise brachten heftige Turbulenzen. Die Tuchmacherstadt Tirschenreuth war zu einer Stadt der „Porzelliner" geworden. Die Glasindustrie geriet in eine Krise. Die exportorientierte Produktion von Spiegeln brach in der Weltwirtschaftskrise ein, die Flachglas erzeugenden Glashütten in Tirschenreuth und in Waldsassen wurden geschlossen. In Waldsassen konnte eine der beiden Glashütten in den 1930er Jahren als Glasfabrik Lamberts wieder den Betrieb aufnehmen. Wechselhaft verlief die Entwicklung der Maschinenfabrik Hamm in Tirschenreuth. Der Straßenbau und damit auch die Nachfrage nach Straßenbaufahrzeugen waren stark von der Konjunktur und der finanziellen Situation des Staates und der Kommunen abhängig. In einer Marktnische behauptete sich die Tuchfabrik Mehler.

Anders als in benachbarten Regionen im Westen, in der Mitte und im Süden der Oberpfalz wirkte sich die groß angelegte Aufrüstung des NS-Staates wenig auf die wirtschaftliche Entwicklung der Region

Die Schott AG ist das weltweit führende Unternehmen für Glaslösungen. Das Schott Werk in Mitterteich (unten im Bild) hat sich auf Glasrohre spezialisiert. Das Produktportfolio umfasst über 60 verschiedene Glastypen mit einer großen Palette von Abmessungen und kosmetischen Eigenschaften.

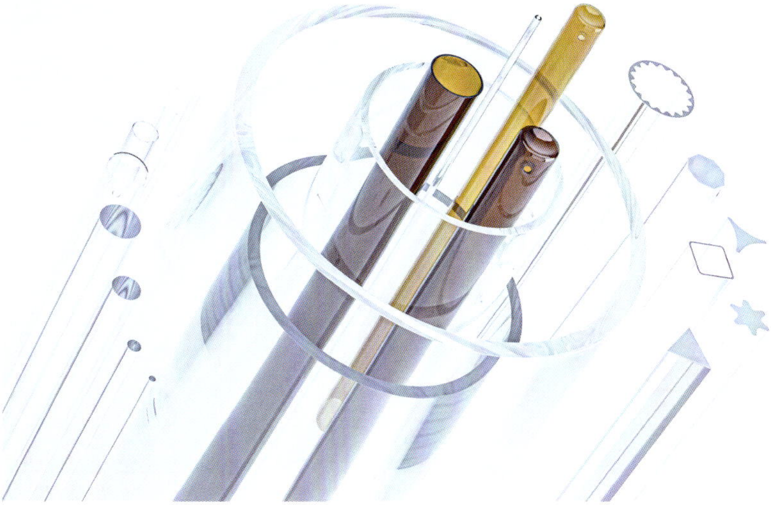

aus. Nur in wenigen Fällen brachte der Aufbau von Rüstungsbetrieben oder die Verlagerung von Unternehmen in das verhältnismäßig bombensichere Innere des Deutschen Reiches nachhaltig wirkende Impulse für die Wirtschaft des Landkreises. Nach dem Krieg wurden überdurchschnittlich viele Flüchtlinge und Vertriebene in der Oberpfalz angesiedelt, weil hier die Kriegsschäden gering waren und eine intakte Landwirtschaft mehr als in anderen Regionen die Menschen ernähren konnte. Eine Reihe von Betrieben wurde von Vertriebenen gegründet, aber daraus konnten kaum dauerhaft bestehende große Unternehmen erwachsen. Eine der renommiertesten Unternehmungen, die von Vertriebenen gegründet wurde, ist die Hemdenfabrik Hatico. Sie wurde 1947 von Hans Tischler und Hans Reiter als Wäschefabrik gegründet (siehe S. 100).

Nach dem Zweiten Weltkrieg fand sich der Landkreis Tirschenreuth in einer neuen Lage. Die Region war jetzt Grenzland und der Eiserne Vorhang ließ kaum wirtschaftliche Verbindungen mit Böhmen zu. Der Landkreis galt nun aufgrund seiner Randlage und der großen Entfernung zu den Kohlerevieren als strukturschwach. Viele Vertriebene wanderten ebenso wie Einheimische in ferne Industriestädte ab. In der Zeit des „Wirtschaftswunders“ dominierte die Porzellanindustrie. An mehreren Orten war eine Porzellanfabrik der mit Abstand größte Arbeitgeber. Besonders die Herstellung von Tafelgeschirr erlebte eine Blütezeit. Die Grundlage hierfür war nun weniger die Verfügbarkeit von Kaolin in der Region, sondern die über Generationen gewachsene Qualifikation der Mitarbeiter.

Konzerne, „hidden champions“ und Gründer

In den 1960er bis 1980er Jahren zeigte es sich, dass die Zeit des Mittelstands in vielen Bereichen zu Ende ging. Mehr und mehr bestimmten Großkonzerne die wirtschaftliche Entwicklung und für viele Mittelständler wurde klar, dass ihr Werk nur als Teil einer großen Unternehmensgruppe fortbestehen konnte. Zu den Unternehmern, die dies erkannten, gehörte die Familie Hamm. Sie verkaufte ihre Maschinenfabrik und nach einiger Zeit fügte es sich für das

Ein Glasofen aus der „Steinzeit" des Unternehmens Horn Glass. Heute produziert und installiert die Firma weltweit High-Tech-Glasöfen.

– in einer Marktgemeinde mit gut 900 Einwohnern. Seit 2011 besteht zudem ein Standort mit Büros und Werkstätten in Erbendorf. Der weltweit aktive Marktführer plant und realisiert mittlerweile für seine Kunden komplette Logistikzentren u. a. unter Einsatz von Künstlicher Intelligenz.

In Waldsassen begannen 1993 die beiden Freunde Uwe Kalliwoda und Klaus Möhwald, Fahrräder zu bauen. Mit dem Namen „Ghost" produzierten sie anfangs hochwertige Mountainbikes, die sie zu günstigen Preisen anboten. Mehr und mehr verbreiterten sie dann das Sortiment. 2008 übernahm die niederländische Accell-Gruppe Ghost-Bikes, das so Teil einer weltweit tätigen Unternehmensgruppe wurde. Der Exportanteil beträgt 50 Prozent. Zum Profil des Unternehmens gehört dabei, dass die Räder von der Entwicklung bis zur Montage in Deutschland gefertigt werden.
1993 war auch das Gründungsjahr des Fahrrad-Unternehmens von Marcus Pürner in Waldershof. Die Pending System GmbH & Co. KG baut Fahrräder der Marke „Cube". Die Firma entwickelte ein breitgefächertes Angebot von Fahrrädern, E-Bikes, Fahrradkleidung und -zubehör und hat sich als Europas größter Fahrradhersteller etabliert. Produziert wird zum Teil in Deutschland, zum Teil in Asien. In Waldershof zählt „Cube" zu den größten Arbeitgebern.

Rote Fäden und Perspektiven

Damit sind nur einige der bekanntesten Unternehmer einer neuen „Gründerszene" genannt, die sich in der Region entwickelt hat. Im Rückblick auf 200 Jahre regionale Wirtschaftsgeschichte wird deutlich, dass es in dieser Region stets große Gegensätze und Veränderungen gab. Es gab Menschen, die in Armut lebten, und genauso wohlhabende Bürger in Städten mit hochstehendem Handwerk. Es gab große Fabriken und eine Zeit, in der die nördliche Oberpfalz und Oberfranken zu den fortschrittlichsten Gewerberegionen Bayerns gehörte. Es kam zu Werksschließungen, Arbeitslosigkeit und Abwanderung und es gibt Neuanfänge und weiterhin wegweisende Innovationen.

Das Vorhandensein von Bodenschätzen bestimmte einst die Wirtschaftsgeschichte von Regionen. Ebenso war die Verfügbarkeit von Energie entscheidend. Grundlage für den wirtschaftlichen Erfolg sind heute jedoch Köpfe. Wenn man z. B. die Horn Glass Industries AG in Plößberg betrachtet, kann man mit deren Leitspruch und einigem Regionalstolz sagen: „Innovation engineered in Germany". Im Anlagenbau zu planen, zu konstruieren und neue Konzepte zu entwickeln, ist eine Stärke der deutschen Wirtschaft. Das geht auch mit Medizintechnik, mit Holzhäusern, Fahrrädern, Walzen für den Straßenbau oder Software für Lagerhaltung und Logistik. Hier gibt es noch eine Fülle von Chancen.

Zum Markenzeichen des Fahrradherstellers Ghost in Waldsassen gehört, dass die Räder von der Entwicklung bis zur Montage komplett „Made in Germany“ sind.

Für die wirtschaftliche Entwicklung der Region ist Bildung von großer Bedeutung. Es wurde in den vergangenen Jahren einiges unternommen, um nicht nur die Berufsbildung zu fördern, sondern auch Hochschulstandorte in die Region zu bringen. Kooperationen mit Hochschulen gehören zum Kern dessen, was man „Cluster-Bildung“ nennt. Der Verzahnung von großen und kleinen, alten und neuen Unternehmen, Bildungs-, Forschungs- und Entwicklungseinrichtungen kommt heute große Bedeutung zu.

Es sind dabei nicht nur die Menschen mit Ideen und die mutigen Unternehmensgründer, auf die es ankommt, sondern genauso die gut ausgebildeten und motivierten Ingenieure und Arbeiter, ohne die kein Unternehmen auf Dauer erfolgreich sein kann. Fast alle Unternehmen sehen sich heute mit einem Mangel an Fachkräften konfrontiert. Ob es wirtschaftlich weiter aufwärts geht, hängt wesentlich davon ab, ob die „Köpfe“ bleiben oder aus anderen Gegenden zuziehen. Für die Entscheidung zählen nicht nur harte Standortfaktoren wie die Preise für Bauland oder die Höhe der Gewerbesteuern. Hier sind zunehmend weiche Faktoren von Bedeutung: kulturelles Leben, ein hoher Freizeitwert, eine intakte Natur. Im Landkreis Tirschenreuth wurde in den vergangenen Jahren viel unternommen, um Naturschönheiten zu bewahren und kulturelle Aktivitäten zu fördern. Dies scheint die Bindung

von Menschen an die Region gestärkt zu haben. Wenn so die Köpfe in der Region gehalten oder neu für die Region gewonnen werden, finden sich neue Ideen, die zu Unternehmen werden. Dann können Arbeitsplätze fortbestehen und neu entstehen. Dann können neue Kapitel in der Geschichte dieser Region aufgeschlagen werden.

Die Kunst, Glas zu machen

Sie sind die besten ihrer Zunft: die „Hitterer" von Waldsassen. Die Mitarbeiter der Glashütte Lamberts repräsentieren einen Beruf, der beinahe verschwunden ist.

Die traditionelle Handwerkkunst, die sie seit Generationen ausüben, ist in Bayern und Deutschland Bestandteil des immateriellen Kulturerbes und genießt daher besonderen Schutz, ebenso die 1905 erbaute Ofenhalle, die ein beeindruckendes Industriedenkmal darstellt. Bereits seit 1886 wird hier in Waldsassen Glas von Mund geblasen. Das bayerisch-böhmische Grenzgebiet war im 19. Jahrhundert ein Zentrum der Glasproduktion. Weltweit existieren heute nur noch zwei Hütten für mundgeblasenes Flachglas – eine in Frankreich, die andere in Waldsassen –, wobei die Glashütte Lamberts aufgrund ihres Umfangs an Farben und Gläsern einzigartig ist.

Der Alltag in der Waldsassener Hütte ist wie kein anderer. Die Hauptschicht beginnt um vier Uhr morgens und dauert bis zehn. Der Hüttenmeister muss schon um halb drei die Schicht vorbereiten. Wegen der enormen Hitze an sonnigen Tagen wird das Glas im Sommer wie im Winter vor allem nachts produziert. Die Öfen erreichen in der Spitze Temperaturen von 1400 Grad, im Hochsommer kann das Thermometer in der Halle auf bis zu 60 Grad klettern. Eine schweißtreibende Angelegenheit ist das Glasblasen ohnehin. Zur Kernmannschaft gehören bis zu sieben Leute. Sie haben zum Teil noch altertümlich wirkende Berufsbezeichnungen und arbeiten Hand in Hand. Mit einer pulverförmigen Rohmasse, hauptsächlich aus Quarzsand, Soda, Kalk und farbgebenden Metalloxyden, fängt alles an. Wenn der so genannte Kölbelmacher das Glasgemenge seinem Kollegen, dem Anfänger, übergibt, damit er aus der Masse eine kleine Kugel formt, wenn der Glasmachermeister die Kugel zum Zylinder ausweitet und der Streckermeister den aufgeschnittenen Zylinder glattbügelt, damit eine flache Platte entsteht, greift ein Rädchen ins andere. Es braucht am Ende mehrere Dutzend Arbeitsschritte, dazu großes handwerkliches Geschick und viel Energie, bis eine Glastafel, jede ein Unikat, vollendet ist.

Weltberühmte Referenzen

Das Lamberts-Glas geht aus der Oberpfalz in die ganze Welt. Kunstgläser in berühmten Kirchen und Museen, in Flughäfen und Firmenzentralen, in Wahrzeichen und architektonischen Leuchttürmen

nahmen hier ihren Anfang: für Zifferblätter des Big Ben, Hotel Adlon Berlin, Notre Dame Paris, den Kölner Dom, Schloss Neuschwanstein, das Rockefeller Center New York, Westminster Abbey London, Washington Airport etc.
Klar, dass dies nicht nur die Arbeiterschaft, sondern auch die Waldsassener mit Stolz erfüllt. Die „Hitterer" waren schon früher, vor 50, 60 Jahren angesehene Zeitgenossen im Ort. In Wirtshäusern gehörte ihnen einst sogar ein eigener Tisch, an den sich niemand einfach so setzen durfte. Das ist zwar Vergangenheit, wie einst gehen viele „Hitterer" jedoch auch heute noch einen Bund fürs Leben mit ihrer Arbeitsstätte ein. Ganze Familien „schafften" über zwei bis drei Generationen in der Hütte, die Väter gaben ihre Fähigkeiten an ihre Kinder weiter, oft ohne die Regeln für Dritte offenzulegen. Erst seit 2020 sind alle Arbeiten des Kernteams in Form von Ausbildungsberufen erfasst. Die über Jahrzehnte gehütete Erfahrung ist der größte Schatz des Unternehmens und steht natürlich ganz zu Recht auf der bayerischen und bundesweiten Liste des immateriellen Kulturerbes. Der Inhaber Rainer Schmitt bringt die Besonderheit auf den Punkt: „Wenn es die Glashütte nicht mehr gibt, gibt es keine Glaskunst mehr auf diesem Niveau."

Die „Hitterer" der Glashütte Lamberts sind legendär, zum Teil seit Generationen mit „ihrer" Glashütte verbunden. Das mundgeblasene Glas wird hier zu Zylindern ausgeformt, aufgeschnitten und anschließend zu flachen Platten ausgebreitet.

Der goldene Faden

Außergewöhnlich - das ist eine Zuschreibung, die im Zusammenhang mit der Firma Mehler häufig fällt. Als Georg Mehler den Betrieb 1644 in der Tuchmacherstadt Tirschenreuth gründete, klapperten vermutlich nur ein oder zwei Webstühle in seiner Werkstatt.

Eine Handvoll von über 11.000 verschiedenen Rollen, die die Tuchfabrik Mehler auf Lager hält. Mit Qualität und Flexibilität kann sich die Tuchfabrik trotz Billigkonkurrenz behaupten.

Die Firma wuchs auch dank der guten Qualität, die Tirschenreuther Tuche auszeichnete, und meisterte durch den Sprung in die Industrialisierung alle Krisen. Heute ist Mehler die älteste Tuchfabrik deutschlandweit.

In den Hochregallagern der Firma lagern mehr als 11.000 verschiedene Rollen. Auch das ein Superlativ: Weltweit hält keine andere Firma so viel auf Lager. Damit nicht genug: Alle Fertigungsstufen und Farben, die es für die Produktion hochwertiger Tuche braucht, liegen bei Mehler in einer Hand. Auf diese Weise könne die Tuchfabrik unschlagbar schnell auf individuelle Kundenwünsche reagieren. Davon ist Paulus Mehler, der das Unternehmen zusammen mit seinem Cousin Ludwig in elfter Generation leitet, überzeugt. Beste Referenzen unterstreichen den Status. Als der Film „Grand Budapest Hotel" 2015 einen Oscar für das beste Kostümdesign erhielt, war dies zum Beispiel auch Mehler zu verdanken. „Die Herstellung war kompliziert und die Zeit drängte", erinnert sich Paulus Mehler. „Um die Kostüme fertigstellen zu können, haben wir das Produktionsteam extra von den Dreharbeiten im sächsischen Görlitz zu uns nach Tirschenreuth geholt. So konnten die Auftraggeber jeden Arbeitsschritt begutachten. Eine Woche lang hat unser Team dann teilweise Tag und Nacht gearbeitet. Die Stoffe sollten einen ganz bestimmten Violett-Ton haben und im Zusammenspiel mit dem Kameralicht einen besonderen Glanz aufweisen."

Die Mitarbeiter und die Inhaber der Tuchfabrik sind stolz auf solche Auszeichnungen. Ebenso wie auf den Auftrag, die Schweizer Garde, die den Papst und dessen Residenz in Rom

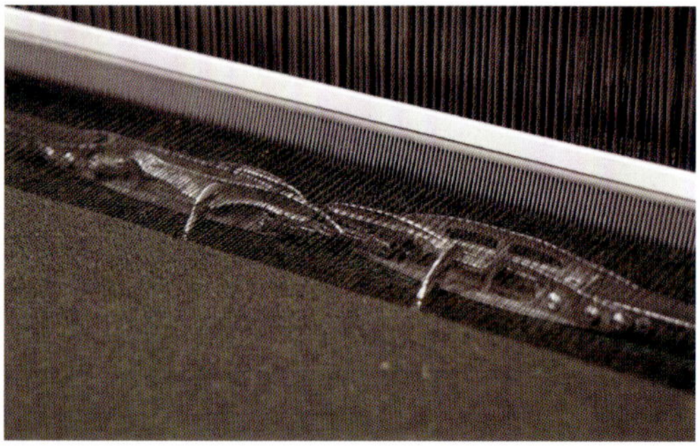

Generation elf und zwölf lenken im Familienunternehmen gemeinsam die Geschicke. Im Bild: Maximilian Mehler und sein Vater Paulus.

schützt, mit Uniformen auszustatten. Allein von solchen exklusiven Kunden kann die Tuchfabrik allerdings nicht leben. Schon deshalb, aber auch weil die Philosophie des Unternehmens eine ganz und gar bodenständige ist, haben die Inhaber das Geschäft außergewöhnlich weit aufgefächert. Von 30 Metern bei Sonderaufträgen bis zu Serien von 50.000 Metern reicht die Spannbreite. Mehler liefert Stoffe für Landhausmode und Tracht, Unternehmensbekleidung und Uniformen, für die Ausstattung von Vereinen und – das größte Segment – Heimtextilien. Das Material besteht zu 100 Prozent aus Naturfasern. Gerade bei Heimtextilien macht dies einen großen Unterschied zu Billigproduzenten aus, die Synthetikfasern verarbeiten.

Online-Shop für Heimtextilien

Seit November 2022 bietet Mehler zusätzlich auch hochwertige Fertigprodukte für Endkunden an und verkauft Heimtextilien wie Decken, Kissen, Wärmflaschen und mehr online. Den Shop hat Paulus Mehlers Sohn Maximilian ins Rollen gebracht. Er ist einer von fünf Geschwistern, die als Nachfolger für die 12. Generation in Frage kommen. Inhaber ist bei der Tuchfabrik stets nur ein Familienangehöriger, der zugleich auch im Unternehmen arbeitet, Anteile werden nicht aufgesplittet. Dies soll gewährleisten, dass der Besitz und die Firmenleitung in einer Hand liegen und keine Personen am Unternehmen beteiligt sind, die sich nicht im Unternehmen einbringen und dem Unternehmen eventuell durch Kaptialabfluss etc. schaden können.

Der Familiensinn und die Sparsamkeit sind für die Mehlers die wichtigsten Zutaten ihrer Erfolgsgeschichte. „Wir haben in unserer langen Geschichte stets alle Gewinne in die Firma gesteckt und nur das entnommen, was wir zum Leben brauchen“, erklärt Paulus Mehler. Auch das ist eine Form von Nachhaltigkeit. Der lange Atem hat sich für den Betrieb ausgezahlt und so soll es auch in Zukunft bleiben.

Tuchfabrik Gebrüder Mehler

Bahnhofstr. 45-47
95643 Tirschenreuth
Tel. 09631 / 70220
www.mehler-tuchfabrik.de
info@mehler-tuchfabrik.de

Individualität und Linie

Mode ist für ihren schnellen Wechsel bekannt. Mal sind Shirts weit geschnitten, mal körperbetont. Mal sind sie farblich schlicht, mal knallig bunt. Wenn sich ein Unternehmen in dieser Branche über Jahrzehnte behaupten will, braucht es bei aller Offenheit für Trends ein Gespür für die großen Linien.

Freizeit-Look oder Business-Style? Die Grenzen sind fließend geworden. Der Modehersteller Hatico liefert die passende Kleidung.

Faire und saubere Produktionsbedingungen sind zwei Kriterien, die seit vielen Jahren an Bedeutung gewinnen. So wie die Menschen gesund essen und leben möchten, so soll auch unsere Kleidung nachhaltig erzeugt sein. Doch was bringt nachhaltige Mode, wenn sie nicht schön ist? Die Tirschenreuther Modehersteller Hatico und PURE helfen Menschen, sich stilvoll zu kleiden und haben auch die Nachhaltigkeit im Blick. Richtige „Nerds" seien sie und ihre Fachkräfte, wenn es um die Verarbeitung und die Auswahl des Stoffes geht, betonen die Inhaber und Geschäftsführer Stephanie Supguth und Joseph Reiter.

Die Inhaber sind Geschwister und im Unternehmen großgeworden. Schon als Kinder wollten sie mit ihren Großeltern in die Näherei oder ins Musterzimmer mitgenommen werden. Dass sie den Betrieb seit 2017 in dritter Generation weiterführen, war dennoch nicht vorherbestimmt, sondern ihrer Auffassung nach eine glückliche Fügung. Der studierte Mathematiker Joseph Reiter war zuvor in der Versicherungsbranche tätig und ist heute im Unternehmen der Mann der Zahlen sowie für Marketing und Vertrieb zuständig. Stephanie Supguth verantwortet als Designerin die Positionierung der Produkte im Markt. Die wesentlichen Vorstellungen, wie sich das Unternehmen strategisch und modisch entwickeln soll, teilen sich beide. Komfort, Qualität und Design seien für sie maßgebend. Männerhemden sind eine Domäne des Hauses. Die jeweiligen Kollektionen entstehen in enger Kooperation mit führenden italienischen Stoffwebern und Dessinateuren. Von unifarbenen Basics über hochmodische Casual Hemden bis zum Business-Hemd ist für so gut wie jeden Anlass etwas Schönes geboten. Die Tirschenreuther verwenden

Joseph Reiter und seine Schwester Stephanie Supguth (oben rechts) führen das Familienunternehmen. Unten: der Werksverkauf und der Firmensitz in Tirschenreuth.

zum Großteil europäische Stoffe und arbeiten mit langjährigen Lieferanten zusammen. Um ein Hemd herzustellen, sind etwa 60 Arbeitsgänge erforderlich. Trotz maschineller Unterstützung gibt es in der Hemdenherstellung noch viel Handarbeit. „Das handwerkliche Können unserer Produktionspartner zeigt sich bis ins kleinste Detail", ist Joseph Reiter überzeugt.

pure – für Freizeit und Berufsalltag zugleich

Obwohl Joseph Reiter kein Modefachmann war, ist ihm kurz nach seinem Einstieg in die Branche die erfolgreichste Produktentwicklung der jüngsten Zeit geglückt. 2018 hat er das klassische Herrenhemd neu definiert: als Top-Outfit für jedes Parkett, vereint mit den Vorzügen funktionaler Sportswear. Die neuartigen Hemden der Linie „pure Functional" trocknen schnell, sind bügelfrei, atmungsaktiv und extrem dehnbar. Beim Anfassen fühlt sich das Hemd weich an,

beim Tragen federleicht. „pure Functional" gibt es auch für Frauen. Für beide Geschlechter sind unter diesem Label zudem Hosen, T-Shirts und Polo-Shirts erhältlich. Die Kleidung ist für einen kurzen Wanderausflug ebenso geeignet wie für die Freizeit und den Berufsalltag. Weil die Grenzen insgesamt fließend geworden. Damit steht „pure" für Mode, die stets anders, in der nächsten Saison aber nicht überholt ist, sondern attraktiv bleibt, so wie die damit verbundene Lebensart auch.

Hatico pure Werksverkauf
Mitterweg 1
95643 Tirschenreuth
Tel. 09631 / 7996952
Öffnungszeiten:
Montag bis Freitag
10 - 18 Uhr
Samstag
10 - 13 Uhr

Hatico Mode
Falkenberger Str. 7
95643 Tirschenreuth
Tel. 09631 / 6070
www.pureshirt.com

Liebe im Vergleich

Die Formensprache im individuellen Handwerk

von Oliver van Essenberg

Formen können eine Geschichte erzählen, Lebens- und Zeitgefühle widerspiegeln und Etappen im Leben markieren. Wenn die Eltern ihrem Kind zum Abitur eine Uhr schenken ... Wenn ein Paar heiraten will und die Ringe auswählt... Wenn eine Krise überstanden ist... Wenn man Lust hat, einen Akzent zu setzen... Besonders raffiniert geformte Schmuckstücke und Produkte gehen jedoch weit über die Funktion des Geschichtenerzählens hinaus. Ihr Geheimnis ist, dass Form und Inhalt nicht ganz genau ineinandergreifen, dass die Phantasie mitspielt.

Ambitionierten Gestaltern ist der ästhetische Eigenwert wichtig. Ob es sich um eine Anfertigung im Kundenauftrag handelt oder um eine frei entworfene Form, ist dabei zweitrangig. Auch wenn der Rahmen bei einer Auftragsarbeit enger ist, bleibt ein Freiraum, in dem der Gestalter mit seinen Möglichkeiten spielen kann. Handwerker, Künstler und Produktdesigner teilen sich diese Voraussetzung. Die Herangehensweise ist hier wie dort jedoch eine ganz andere. Produktdesigner haben zig Vorbereitungstermine, Präsentationen und Testläufe und denken in der Regel in Kategorien von Budget, Marketingstrategien und Zielgruppen. Handwerker stehen in direktem Kontakt mit den Endkunden, beobachten ihre Reaktionen, beantworten ihre Fragen, berücksichtigen Vorlieben und Bedenken. So entstehen ihre Entwürfe in einem fortlaufenden Dialog. Bei aller Unterschiedlichkeit von Stilen und Techniken drücken sie daher vor allem eines aus: eine Nähe von Mensch und Arbeit. Diese spiegelt sich in der Liebe zum Detail wider. Hinter ihr steckt das unermüdliche Bemühen um ein schönes, wertvolles, nachhaltiges Ergebnis, das ein Leben lang Freude bereiten kann.

Das Modell ist prädestiniert für alles Individuelle. In den Gesprächen, die ich mit Gestaltern für das Buch geführt habe, stellte sich immer wieder heraus, dass die Offenheit gegenüber Kundenwünschen die vielleicht wichtigste Eigenschaft schöpferischer Tätigkeit ist, nicht der Geistesblitz eines von der Außenwelt abgeschotteten Formgenies. Die Formen, mit denen wir uns umgeben und schmücken, prägen unser Leben ähnlich wie Essgewohnheiten. Sie können das Bewusstsein für Schönheit erhöhen und das Leben intensiver machen. Es gibt gute Gründe, um gute Gestaltung zu suchen und zu finden. Zum Glück braucht es jedoch nicht immer erst einen Grund.

Steine für jeden Lebensweg

Die Stadelgalerie ist äußerlich beeindruckend schlicht gehalten. Hinter der Tür aber öffnet sich eine Welt mit einem poetischen Zauber.

Man betritt einen altehrwürdigen Stadel mit hoher, freigelegter Decke. Dahinter blüht, ganz im Verborgenen, ein Garten, der einen Blick auf die unverbaute Wondreb-Wiese eröffnet. Und dazwischen, überall, an allen Ecken und Enden wimmelt es von Schiefertafeln, die mit Lebensweisheiten und Wortspielen verziert sind. Witzige und tiefsinnige Sprüche finden sich hier, dazu Schiefertafeln ohne Worte, die farbiges Glas der Firma Lamberts in Szene setzen, Fotos oder Bilder einrahmen, Tafeln in Kombination mit anderen Materialien wie eingefärbtem Rasen zum Beispiel, Tafeln als Wanddeko, für Gärten, Beete, was das Herz begehrt.

Hinter den Schieferobjekten für den Außen- und Innenbereich steht die Gestalterin Christine Böhm. Über ihre Beschäftigung im familiären Dachdeckerbetrieb kam sie vor vielen Jahren mit dem Gestein in Berührung. 2009 eröffnete sie die Stadelgalerie – ein Glücksfall; denn der Stadel wäre sonst abgerissen worden. Einfache Formen wie Herzchen standen am Anfang ihrer Selbständigkeit. Doch das Repertoire wuchs und wuchs und so entwickelte Christine Böhm ihren eigenen Stil. Die Kunsthandwerkerin liebt es, frei zu arbeiten, setzt aber gerne auch Kundenwünsche um, wenn es etwa darum geht, die passende Glasfarbe zum Beet in eine Schiefertafel einzusetzen oder gemeinsam mit einem Paar einen stimmigen Hochzeitsspruch auszuwählen. Zudem findet sich in der Galerie stets auch eine kleine Auswahl schöner Hausobjekte aus Stahl, die die befreundete Künstlerin Regina Zrenner kreiert.

Christine Böhm verbreitet mit Kunsthandwerk Lebensfreude in Haus und Garten.

Dass die Menschen diesen Ort inspiriert verlassen, habe wohl auch mit der Atmosphäre zu tun, findet Christine Böhm. Vor allem tragen dazu jedoch die vielen Anregungen ringsum bei, die ein Genuss für die Augen und die Seele sind. „Es tut mir gut, wenn ich Menschen aus dem Alltag holen kann. Das Geschäftliche steht dabei nicht im Vordergrund."

Immer wieder holt Christine Böhm auch Kunsthandwerker nach Waldsassen. Am letzten Junisonntag ruft der benachbarte Naturerlebnisgarten zum alljährlichen Kräuterfestival und einem Kunsthandwerkmarkt. Die Stadelgalerie hat an diesem Sonntag ihre Tür ebenfalls geöffnet.

Stadelgalerie Waldsassen

Brauhausstr. 16
95652 Waldsassen
Tel. 0160 / 7539552

Öffnungszeiten:
April bis Dezember
Montag bis Freitag
14.30 - 18 Uhr

www.stadelgalerie.de
info@stadelgalerie.de

Stahl mit Stil

sti:l - Stahl Manufaktur
Mühlenstr. 6
95666 Mitterteich
Tel. 09633 / 1454

www.stil-stahl manufaktur.de
jr@stil-stahl manufaktur.de

Termine nach Vereinbarung

Von allen Werkstoffen, die ein Designer verarbeiten kann, ist Stahl der zeitloseste: bei richtiger Pflege nahezu unkaputtbar. Möbel aus hochwertigem Stahl fallen aus dem Rahmen, sind besonders und für Johannes Reindl eine Spezialität.

Aus privater Liebhaberei fing der Metallbauer 2010 damit an, für sich selbst individuelle Möbel und Designobjekte zu bauen, die ganz oder zum Teil aus Stahl bestehen. Wie so oft kann aus einer Leidenschaft mehr werden: In seinem Fall entwickelte sich die Leidenschaft zum zweiten beruflichen Standbein. In Mitterteich fertigt Johannes Reindl im Auftrag seiner Kunden aus Stahl und anderen Materialien Einzelstücke mit klaren Formen und edler Optik an.

In der Regel ist Johannes Reindl mit seinem Team eher klassisch unterwegs. 2021 übernahm er die von seinem Großvater gegründete Firma „Franz Metallbau" in Mitterteich, zu deren Hauptaufgaben die Produktion von Balkonen, Zäunen, Treppen und mehr gehört – wobei auch klassischer Metallbau nicht überall gleich ist. In der Werkstatt hatte Johannes Reindl schon seine Ausbildung absolviert und als Jugendlicher in den Ferien gearbeitet. Nach einem Abstecher ins Maschinenbau-Studium war er bereit, das Erbe des elterlichen Betriebs weiterzuentwickeln, aber auch offen für neue Wege. „Das erste individuelle Stück aus Stahl war ein Tisch. Da ist der Aufbau am einfachsten", erinnert er sich. Es folgten Stühle und anspruchsvollere Dinge, zunächst ausschließlich für den privaten Gebrauch, bis Freunde und Bekannte den Stein ins Rollen brachten. „Nicht jeder will sich eine individuelle Handwerksarbeit leisten. Aber Gutes und Wertiges zu kaufen, ist oft eine bessere

Johannes Reindl, im Bild rechts mit seiner Frau Jitka und ihren Kindern, übernahm 2021 den familiären Betrieb und lebt mit seiner Eigenmarke „Sti:l" seine Leidenschaft für das Besondere.

Schlicht und kraftvoll: Stahl solo und in Kombination mit Holz und Leder.

Investition als Billiges", weiß Reindl, der seit 2016 unter der Marke „sti:l" Einzelanfertigungen für Menschen produziert, die das Besondere schätzen.

Mit etwas Patina noch schöner

Von Tischen, Stühlen und Eckbänken über Lampen und Ablagesysteme bis zu Handtuchhaltern und Vorhangstangen hat der Metallbauer schon so gut wie alles umgesetzt, was machbar ist, immer wieder auch in Kombination mit Vollholz, Lärche, Eiche (z.B. bei Tischen und Bänken), strapazierfähigem Leder (z.B. bei Sitzen) und anderen Materialien. Handwerklich akkurat ausgeführt, können die Endprodukte Generationen überdauern, mit dem Alter und etwas Patina sogar noch schöner wirken.

„In allen Phasen eines Projektes ist es unser vorrangiges Ziel, die Wünsche der Kunden zu erfüllen", sagt Johannes Reindl über seine Arbeit. Für Architekten biete man ebenfalls ein weit gefächertes Wissen und Leistungsspektrum an. Planzeichnungen veranschaulichen Kunden den Entwurf, Materialmuster machen die Oberfläche spürbar. CAD-Programme und nicht zu vergessen: die nötige Erfahrung helfen der Manufaktur, das Möbelstück zu entwerfen, das den Wünschen entspricht. Wünschen muss man sich nur trauen können.

Freiraum für Schönes

Ursprünglicher als die Töpferei ist kaum ein Handwerk und schöner aus Sicht von Töpfern und Liebhabern sowieso nicht. Wenn Susanne Mudra eine fertige Figur aus dem Brennofen holt, ist das für sie manchmal „wie Weihnachten und Geburtstag auf einmal."

Töpfer-Werkstatt Konnersreuth
Gesteinerstr. 34
95692 Konnersreuth
Tel. 0176 / 42955427
www.t-w-k.com
info@t-w-k.com

Termine nach Vereinbarung

Ein Fest und immer auch eine gewisse Überraschung; denn selbst eine erfahrene Töpferin kann nicht zu hundert Prozent vorhersehen, wie das Ergebnis ausfällt. Ähnlich geht es den Menschen, die bei der Konnersreuther Töpferin Figuren bestellen, wobei das Ergebnis angesichts der handwerklichen Ausarbeitung, der liebevollen Details und der brillanten Farben bislang jeden überzeugt hat.

Susanne Mudra, ihr Mann Kurt Bauernfeind und Hund Kylie im Garten ihres Konnersreuther Hauses. Wenn es das Wetter zulässt, wird der Garten auch für Töpferkurse genutzt.

Die Töpferei begleitet Susanne Mudra seit ihrer Kindheit, seit sie im Alter von sieben Jahren einen Töpferkurs absolvierte. In unregelmäßigen Abständen besuchte die gebürtige Berlinerin viele Kurse und machte das Töpfern zu ihrem Steckenpferd. Das ist es bis heute geblieben, auch als Susanne Mudra 2016 nach Konnersreuth zog und eine Stelle in der Pflege antrat. Im Keller ihres Wohnhauses, das sie mit ihrem Mann Kurt Bauernfeind bewohnt, stand zufällig ein Raum leer und da andernorts ausgerechnet eine Töpferwerkstatt aufgelöst wurde, wandelten Susanne Mudra und ihr Mann den Freiraum nach und nach in eine Werkstatt um. Vier Jahre lang werkelte die Töpferin hier unbemerkt vor sich hin, um einen kreativen Ausgleich zum Job zu finden und ihre Fertigkeiten in der Gestaltung von Figuren zu verbessern. „Ich hatte von Anfang an nicht geglaubt, so tief einzusteigen", erinnert sie sich lachend.

In ihrer Werkstatt fertigt Susanne Mudra Tierfiguren und Keramiken nach Wunsch an.

Lebensnahe Figuren, insbesondere Tierfiguren, sind zu einem Schwerpunkt der Töpferin geworden. Sie eignen sich als Deko für Haus und Garten, als Geschenke, um sich selbst oder anderen eine Freude zu machen, als Erinnerungsstück, das ein Haustier darstellen kann, ja sogar als Urnen, in der die Asche eines verstorbenen Tieres ruht. Jedes Werk ist ein Unikat. Schmuck und Glasobjekte ergänzen die Auswahl. Da die Töpferwerkstatt keinen eigenen Laden unterhält, sind Besuche nur nach Voranmeldung möglich.

Handwerksprodukte mit einer persönlichen Note kommen bei vielen sehr gut an. Getreu der „Do it yourself"-Philosophie bietet Susanne Mudra daher auch Töpferkurse für jedermann an. „Wer einen Kurs besuchen möchte, muss keinerlei Erfahrung mitbringen. Bisher waren alle Teilnehmer stolz auf das Ergebnis." Jedes Objekt, auch eine einfache Schale, braucht freilich seine Zeit. Der geformte Ton muss bis zu zwei Wochen lang trocknen, bevor er zum ersten Mal gebrannt wird und aushärtet. Erst anschließend stehen die Glasur und der Glasurbrand an. Es sind daher immer zwei Termine vor Ort nötig.

Wer tiefer einsteigen möchte, kann zum Beispiel einen zweitägigen Kurs zur Figurengestaltung belegen. Hierfür ist die Teilnehmerzahl auf zwei Personen begrenzt. Wer nur ein paar Stunden in die Welt der Keramik abtauchen möchte, kann einen „Tonel-Schnuppertag" buchen. In vier bis acht Stunden wird das gewünschte Objekt gemeinsam umgesetzt (z.B. saisonale Artikel, Zaunhocker u.v.a.). Auch hier können maximal bis zu zwei Personen teilnehmen. Darüber hinaus bietet Susanne Mudra einen Brennservice für alle Töpfer an, die über keinen Brennofen verfügen. Auch damit heben sich die Konnersreuther deutlich von anderen Werkstätten ab.

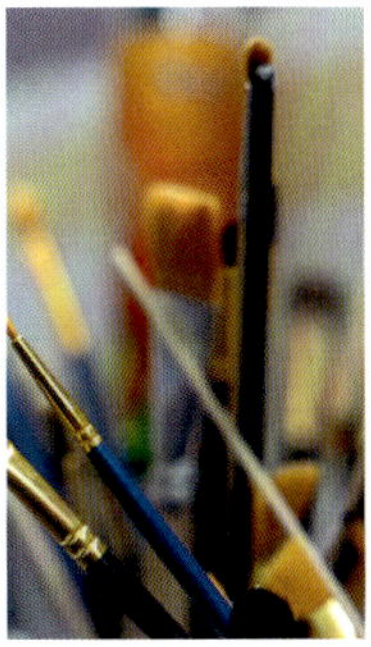

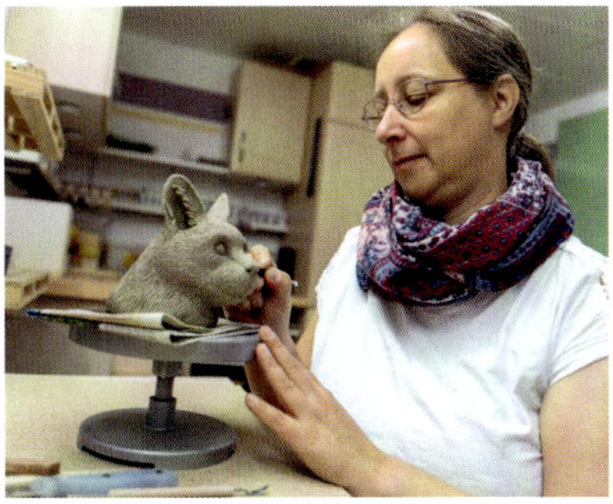

Freiraum für Schönes

Etwas Besonderes zu schaffen, ist für Brigitte Breusch-Veittinger mehr als ein gelegentlicher Antrieb. Es ist das Ziel ihrer Arbeit, und wer ihre formschönen Schmuckstücke und Gebrauchsgegenstände sieht, kann überrascht sein vom Ideenreichtum, mit der ihr das gelingt.

Als Silberschmiedemeisterin kann sie Besonderes für den Alltag und für festliche Anlässe entwerfen – mit Silber und Gold oder einem ganz anderen Material. Seit sie mit ihrem Mann 2006 nach Mähring zog, hat sie sich mehr und mehr auf Porzellangestaltung konzentriert. Doch auch mit Kunststoff experimentiert sie gerne, selbst Knochen-Zement ist ihr als Werkstoff nicht fremd, und ‚Geschenke' der Natur, die sie in der unmittelbaren Umgebung findet, sowieso nicht.

Von organischen Elementen und anderen Fundstücken, sei es aus dem eigenen Garten oder aus dem Wald, lässt sich Brigitte Breusch-Veittinger gerne

In ihrem Atelier fertig die Künstlerin Besonderes an.
Oben: Porzellanringe, gegossen. Links: Porzellankette „Romanesco".

inspirieren. Getrocknete Samen von Kapuzinerkresse dienten zum Beispiel als Vorbild für Schmuckstücke. „Die Samen wachsen spiralförmig und haben eine gotische Form in ihrer 3er-Teilung", erklärt sie. Für die künstlerische Umwandlung hat sie die Samen abgeformt und in Porzellan gegossen. Dafür nutzt Brigitte Breusch-Veittinger ihren eigenen Brennofen.

Als freischaffende Künstlerin war die gebürtige Oberbayerin schon immer kreativ tätig. Darüber hinaus hat sie vor ihrem Umzug nach Mähring in einer Augsburger Werkstatt für kirchliche Gold- und Silberschmiedekunst sakrale Gegenstände für katholische Kirchen gefertigt, in München in der Innungswerkstatt für Gold- und Silberschmiede gearbeitet und zehn Jahre lang eine Werkstatt für Schmuck-und Produktdesign an der Hochschule für Gestaltung in Schwäbisch-Gmünd geleitet. Renommierte Adressen der Aus- und Weiterbildung runden das Profil ab: die Ausbildung zur Silberschmiedin erhielt sie in der Staatlichen Berufsfachschule in Kaufbeuren-Neugablonz und die Weiterbildung zur Meisterin machte Brigitte Breusch-Veittinger in München, zusätzlich schloss sie an der Nürnberger Kunstakademie ein Studium ab.

Schmuck- und Silberschmiedekurse

Ein ehemaliges Zollhaus in Mähring ist heute ihr Wohn- und Arbeitssitz. Die beiden Werkstatträume sind so gut ausgestattet, dass hier nicht nur Schmuckkurse, sondern auch Kurse im Silberschmieden stattfinden können. Da Brigitte Breusch-Veittinger in ihrem Leben schon viele Ideen und Erfahrungen sammeln konnte und obendrein viel handwerkliches Spezialwissen hat, kann sie den Teilnehmenden sehr oft hilfreiche Anstöße geben, wie sie die eigenen Kreationen weiterentwickeln können. Sie selbst spielt gerne mit Materialien und neuen Ideen. Eigene Arbeiten stehen im Moment allerdings eher im Hintergrund. „Mir macht es Freude, zu sehen, was die Menschen bei mir im Kursraum entwerfen und wie etwas entsteht, das sie sich selbst ausgedacht haben.“

Die Objekte, die aus der Hand von Brigitte Breusch-Veittinger stammen, weisen ein breites Spektrum auf. „Ich liebe Farbe“, sagt sie und zeigt mir verschiedene Porzellanringe, die sie selber modelliert und gegossen hat. Wie beim Schmuck, wo die Künstlerin mitunter verschiedene Materialien kombiniert, will sie auch bei anderen Objekten alles selbst machen und Elemente so kombinieren, dass die Dinge eine Seele bekommen. Die Freude am Tun lässt ein gutes Werk entstehen.

Brigitte Breusch-Veittinger
Altes Zollhaus
Zollstraße 109
95695 Mähring
Tel. 09639 / 919066
brigitte.veittinger@gmx.de
Termine nach Vereinbarung

Rote geschmiedete Kanne, Aluminium, Nikkoros. Unten: „Tanzende Nußbehälter“ aus Porzellan und Silber.

Filzen beflügelt die Sinne

Wolle in allen Farben stapelt sich in Anita Köstlers Werkraum. Die Menschen, die Anita Köstlers Neugier und die Leidenschaft für das Filzen teilen, sind über ganz Deutschland verbreitet. „Wir sind eine große Filzfamilie", sagt die Neualbenreutherin. Mit dem ihr eigenen Charme stellt sie sich nicht in den Mittelpunkt, obwohl sie sich als Filzerin in ganz Bayern und auch darüber hinaus einen Namen gemacht hat.

Anita Köstler ist als Filzerin weit über die Grenzen ihrer Heimat Bad Neualbenreuth hinaus aktiv. Kurse gibt sie auch in ihrer hauseigenen Werkstatt.

Zur Handarbeit als Steckenpferd und Profession kam Anita Köstler über einen Umweg. „Ich wollte immer gerne Handarbeitslehrerin werden. Aber da die Eltern nach meinem Abitur ein großes Mitspracherecht hatten und sich für einen anderen Berufsweg aussprachen, studierte ich Pädagogik mit Schwerpunkt Mathematik, Geographie und Musik", berichtet die Filzerin. Dabei habe sie als Lehrerin und Expertin für Digitales stets mit etwas Kreativem geliebäugelt. Erst später, als Mutter von drei Kindern, war die Zeit reif für den Ausbruch. Anita Köstler absolvierte eine Ausbildung zur Filzhandwerkerin in der Schweiz und besuchte Meisterkurse, unter anderem beim Textilforscher und renommierten Filzkünstler István Vidák. Sie konnte ihre Werke bei zahlreichen Ausstellungen und Märkten präsentieren und mit regelmäßigen Workshops

bei sich zu Hause und in Museen einen großen Kreis von Filzneugierigen um sich scharen.

So gut wie jeden Tag arbeitet Anita Köstler an etwas Neuem. Filzhüte für Saunagäste des Sibyllenbads, Bad Neualbenreuth, sind der große Renner, fast schon ein Standardartikel unter den vielen Unikaten, die sie in mühe- wie liebevoller Handarbeit fertigt. „Filzen ist eine knallharte Tätigkeit, wenn man ein hohes professionelles Niveau anstrebt“, betont Anita Köstler. Die Wolle wird nach dem Kämmen lagenweise aufeinandergelegt, mit Wasser und bei Bedarf mit Seife durchnässt und mit der Filz-Massage bearbeitet. Anita Köstler ist bei der Auswahl der Wolle sehr anspruchsvoll und testet jeden Ballen, bevor sie mit dem Filzen beginnt. Sie verwendet ausschließlich gute bis sehr gute Wollqualitäten, bevorzugt von Merino-Schafen, dem Coburger Fuchsschaf, zum Teil auch von Lamas und Alpakas. Der Filzerin steht in Neualbenreuth zudem ein eigener Flachsanbau und ein schöner Vorrat an Naturfarben zur Verfügung.

Kurse als Schwerpunkt

Die Vermittlung der alten Handwerkstechniken bildet den Schwerpunkt ihrer Arbeit. Den oder die typische Filzerin gibt es nicht. Die Spannbreite reicht vom Anfänger bis zu Veteranen, die schon zum fünfzigsten Mal dabei sind, von Kindern über Fortgeschrittene und Menschen mit Handicap bis zu Senioren. Zur Verarbeitung kommen unterschiedlichste Wollarten, unter anderem kombiniert mit Leinen, Seide, Holz, Stein, Glas und Metall. Die Filzprodukte umfassen Bekleidung, Accessoires und Wohnideen (z.B. Sitzkissen, kleine Teppiche, Schalen...), Kunstobjekte, aber auch ganz besondere Filzwünsche (z.B. Schultüten). In der Neualbenreuther Werkstatt können Einzelpersonen und Gruppen bis zu acht Teilnehmern filzen. Bei speziellen Schnittanfertigungen steht eine Textilfachfrau mit Rat und Tat zur Seite. Je nachdem, von wem sie gebucht wird, kann Anita Köstler außer Haus auch größere Gruppen anleiten. Speziell die Arbeit mit Kindern und Behinderten macht ihr große Freude.

Die Schaulade – Anita Köstler

Am Kirchberg 6
95698 Bad Neualbenreuth
Tel. 09638 / 354
www.dieschaulade.de
dieschaulade.anitakoestler@gmx.de
Termine und Örtlichkeiten siehe Webseite, zusätzliche Termine nach Vereinbarung

Filzhüte gehören zu den beliebtesten Objekten bei Anita Köstlers Kursteilnehmern und Kunden.

Im Spannungsfeld zwischen Alt und Neu

Architektur im Stiftland

von Cornelia Müller

Eine Schenkung ist der Ursprung der Geschichte des Stiftlands: Was an einem Tag mit einem Esel zu umreiten war, das soll der Mönch Gerwig aus Regensburg von Markgraf Diepold 1133 gestiftet bekommen haben. Die Mönche haben sich mit der Zeit hier ausgebreitet und weite Landstriche bis Neuhaus und Wurz im Süden sowie Krummennaab im Osten geprägt. Waldwirtschaft, Teichanlagen und Fischwirtschaft – viele Errungenschaften haben ihren Ursprung im Klösterlichen.

Das heutige Herz des Klosters und das Wahrzeichen der Stadt Waldsassen ist die Stiftbasilika. Dieser monumentale Bau gilt als Hauptwerk des Spätbarocks in Deutschland (mehr zum Klosterstift und zu sakraler Architektur im Stiftland ist auf den Seiten 124 ff. zu lesen). Basilika, Kappl und Kirchen, aber auch wehrhafte Bauten prägen die Region. Der Turm ist seit jeher Symbol für ein Herrschaftsgebiet, Beobachtungsposten und Monument. Die Türme im Stiftland dienten nicht immer nur der Abwehr, sondern auch der Freundschaft und dem Ausblick. Oberhalb von Bad Neualbenreuth thront der Grenzlandturm, in Bärnau steht ein weiterer Grenzlandturm, Tirschenreuth hat den Klettnersturm und Falkenberg den imposanten Burgturm.

Grenzlandturm Neualbenreuth

Die Geschichte des Grenzlandturmes begann 1958 mit keinerlei wehrhaften, sondern versöhnlichem Gedanken, mit einer monatlichen Versammlung der Sudetendeutschen, die alle für den Bau eines Aussichtsturmes an diesem Ort stimmten. Drei Jahre später wurde er eingeweiht. Seitdem ist er zum Symbol für Heimat und Freiheit geworden. Dieser Turm ist Ausdruck der böhmisch-bayerischen Verbundenheit, im Besonderen zwischen Bad Neualbenreuth und dem Heimatverband der Marienbader Stadt und Land e.V. Die Kapelle Maria Frieden trägt daher auch Egerländer Motive.

Oben: Der Grenzlandturm in Bad Neualbenreuth mit Café und Spielplatz, Ausgangspunkt für Wanderer. Unten: die ehemalige Aufklärungsstation auf dem Tillenberg - tschechisch Dyleň, um den sich Legenden und Mythen ranken.

Links: der Grenzlandturm in Bärnau. Im Sommer eine liebliche Aussicht – im Winter weht hier der böhmische Wind und verziert den Turm mit waagrechten Eiszapfen. Rechts: der Klettnersturm – der älteste Tirschenreuther.

Tillenberg
Nicht im Stiftland gelegen, aber zum Stiftland ausgerichtet ist die ehemalige militärische Aufklärungsstation auf dem Tillenberg. In den 1960er Jahren erbaut, verlor sie mit dem Fall der Mauer ihre Bedeutung als Radarstation und wird heute als Sendemast für tschechische Radiosender verwendet.

Grenzlandturm Bärnau

Etwas abseits des heutigen Grenzübergangs befindet sich der 1913 erbaute Bärnauer Grenzlandturm. Auch hier war die Absicht eine friedliche. Franz-Xaver Mayer, Professor der Botanik und königlicher Seminarlehrer in Freising, erbaute sich hier eine Sommerresidenz mit herrlichem Ausblick in den böhmischen Wald. Er bestückte den umliegenden, 30 Hektar großen Park mit Steinbildnissen, Sträuchern und Bäumen und nutzte das Bärnauer Land für seine Studien. Verfall und Blüte prägten die Geschichte des Turms, heute ist er im Besitz der Stadt Bärnau.

Klettnersturm Tirschenreuth
Wehrhafte Grundzüge sind dem 33 Meter hohen Klettnersturm zu eigen. Als Teil der um 1330 erbauten Stadtbefestigung ist dieser Turm ein Relikt aus vergangenen Zeiten. Im Mittelalter wurde das Bollwerk mit meterdicken Mauern erbaut. Um 1579 wurde der Turm um zwei Stockwerke erhöht. So markant steht er heute noch in der Stadt. Sein Name stammt vom Torwächter Klettner. Die Wächter nannte man auch „Türmer“. Deren Aufgabe bestand zum einen darin, nach feindlichen Truppen Ausschau zu halten, zum anderen sollten sie die Bürger alarmieren, wenn sie aufsteigenden Rauch oder Feuer in der Stadt wahrnahmen. Auch das Aufziehen der Turmuhr und das dreimalige Glockengeläut gehörten zu ihrem Aufgabenbereich. Der letzte Klettner ging erst 1972 in Ruhestand und beendete damit eine langjährige Tradition. Bedeutsam ist dieser Turm allemal, ist er doch das älteste Relikt der Stadt, die 1814 einem verheerenden Brand zum Opfer fiel.

Kunst
Kultur
Natur

Die Klosterlandschaft weist den Weg

Das Kloster Waldsassen und das Netzwerk der Zisterzienser

von Christian Malzer

Du wirst mehr in den Wäldern finden als in den Büchern. Die Bäume und die Steine werden dich Dinge lehren, die dir kein Mensch sagen wird." Mit diesen Worten ermutigte der bedeutende Zisterzienser Bernhard von Clairvaux († 1153) den Magister Heinrich Murdach zum Eintritt in den noch jungen Orden. Das Zitat berührt einen zentralen Aspekt zisterziensischer Ideale: Die eigene Lebensweise, die sich dem benediktinischen Diktum „bete und arbeite" verschrieben hat, bewährt sich in der Landschaft. Gerade die Einsamkeit der Wälder und die Kargheit des Gesteins sollten dem Adressaten des Schreibens vor Augen führen, dass nur die Urbarmachung der Wildnis der wahre Lehrmeister sein könne und die zisterziensischen Reform legitimiere.

Das Stiftland als Idealbild?

Wandert man heute durch den Landkreis Tirschenreuth, fühlt man sich angesichts der wald- und steinreichen Landschaft an die eingangs zitierten Worte Bernhards erinnert. Für die Zisterzienser mag dieses Landschaftsbild einer der Gründe gewesen sein, warum sie dem Ruf des Markgrafen Diepold III. von Cham-Vohburg um 1133 folgten und sich in der kleinräumigen Abgeschiedenheit des Ortes Waldsassen niedergelassen haben. Die Grundherren haben durch ihr jahrhundertelanges Wirken zwischen Kemnath im Westen und Waldsassen eine unverwechselbare Kulturlandschaft hinterlassen und eine Fischzuchttradition etabliert, die inzwischen als immaterielles Kulturerbe der UNESCO zertifiziert ist.

Natürlich haben die Zisterzienser die Teichwirtschaft im Stiftland nicht erfunden, jedoch haben sie diese unter ihrer Landesherrschaft intensiviert und dabei die naturräumlichen Gunstfaktoren genutzt. Dabei waren es in den seltensten Fällen die Laienbrüder selbst, die die Teiche schütteten, sondern die klösterlichen Untertanen oder die über das Lehenswesen mit der Abtei verflochtenen Adligen, die mit Zustimmung des Abtes von Waldsassen große Teiche errichten ließen. Obgleich die Teichwirtschaft bis heute das wichtigste Markenzeichen des Stiftlandes darstellt, weist die Region etliche weitere Elemente auf, die typisch für zisterziensisch geprägte Kulturlandschaften sind: So etwa die Nutzung der Wasserkraft für die Versorgung der Klosteranlage, die zugehörigen Mühlen und

Seit der Landesgartenschau 2013 dient der Fischhof in Tirschenreuth als beliebtes Naherholungsgebiet und Szenerie für Kulturveranstaltungen.

Vom Stadtpark Schwanenwiese betrachtet, zeigt sich die Waldsassener Basilika eingebettet in Bäume und Gewässer.

Hammerwerke, umfassende Waldungen, eine von klösterlichen Eigenhöfen geprägte Viehzucht- und Ackerbautradition mit Spezialkulturen und großen Fluren, die Ausformung einer Sakrallandschaft mit Wallfahrts- und Pfarrkirchen oder die Errichtung von Stadthöfen zum Absatz der eigenen Agrarprodukte in den benachbarten urbanen Zentren.

Das Projekt Cisterscapes

Der 2019 gegründete Zusammenschluss Cisterscapes verfolgt das Ziel, das grenzübergreifende kulturelle Erbe zisterziensisch geprägter Landschaften sichtbar zu machen und einer breiteren Öffentlichkeit zu vermitteln. An dem Netzwerk sind insgesamt 17 Partner aus fünf europäischen Ländern beteiligt, mit der Stadt und dem Kloster Waldsassen als Gründungsmitglieder. Koordiniert wird der Verbund vom Landkreis Bamberg mit der Klosterlandschaft Ebrach. Alle Partnerstätten entstammen der Linie der Primarabtei Morimond, die eine dominante Rolle bei der Ausbreitung des Ordens in Mittel- und Osteuropa spielte. Unter dem Motto „Cisterscapes – Cistercian landescapes connecting Europe“ haben sich die Partner für die Bewerbung um das Europäische Kulturerbesiegel (EKS) vernetzt.

Der zisterziensische Themenweg

Mit seinem System von Mutter- und Tochterklöstern wuchs der Zisterzienserorden bis ins 17. Jahrhundert auf knapp 750 Abteien an. Wesentliche Aspekte der Reformideale fußten auf dem gegenseitigen Besuch der Konvente, z.B. beim jährlich in Cîteaux tagenden Generalkapitel. Bei all diesen Gelegenheiten zirkulierten auch Ideen und das Wissen über Landschaftsnutzung. Diesem Charakteristikum folgend laufen seit 2019 durch Cisterscapes auch Planungen für einen Kulturwanderweg. Dessen erste Etappe konnte im Mai 2022 in Ebrach eröffnet werden. Es handelt sich um einen Themenweg mit fast 5000 km Länge, der zisterziensische Klosterlandschaften in sechs europäischen Ländern von Frankreich bis Slowenien und Polen auf Fernwanderwegen verbindet. Dabei orientiert er sich an den Klosterlandschaften des Netzwerkes, führt aber auch zu vielen weiteren spannenden Sehenswürdigkeiten und besonders ursprünglichen Landschaften, in denen man die Prägung durch die Mönche mit allen Sinnen entdecken kann.

Der Weg der Zisterzienser verläuft auf vorhandenen Wanderwegen. Die Wegführung erfolgt über eine Wander-App, die in den Kulturlandschaften der Projektpartner durch Erlebnisstationen und Infostelen angereichert wird. Die Etappe durch das Stiftland wurde im September 2022 eröffnet. Den Spuren der hiesigen Zisterzienser folgend, kann man das Stiftland von der bayerisch-tschechischen Grenze bei Bärnau kommend über Tirschenreuth, die wichtigste Stadtgründung des Klosters, bis ins oberfränkische Fichtelgebirge durchwandern. Der Weg führt durch die idyllische Tirschenreuther Teichpfanne über den Pfarrort

Karte der Cisterscapes-Projektpartner und des Wegverlaufs der Zisterzienser. Eine Landschafts-App mit Virutal Reality- und 3D-Elementen steht für Android-Geräte in App-Stores kostenlos zur Verfügung. Sie visualisiert und beschreibt die zisterziensischen Kulturlandschaften der Cisterscapes-Teilnehmer (u.a. auch Waldsassen).

Leonberg in Richtung Waldsassen. Vom Kloster aus gelangt man über den historischen Rosenkranzstationsweg zur berühmten Wallfahrtskirche Kappl, wo man dem weiteren Weg in Richtung der ehemaligen Waldsassener Sommerresidenz Fockenfeld ins heute oberfränkische Marktredwitz folgt. Über den Goldsteig strebt der Weg dann dem nächsten Ziel, der Klosterlandschaft Langheim, entgegen.

Wer einen tieferen Einblick in das Stiftland gewinnen will, kann abseits des Themenwegs länger in der Region verweilen und verschiedenen lokalen Wandertouren folgen oder sich von speziell geschulten Wanderführern, zu denen auch Äbtissin Laetitia Fech zählt, über mehrere Tage hinweg begleiten lassen. Dabei besteht auch die Möglichkeit, sich spirituellen Themen zuzuwenden, z.B. durch den Besuch der Lourdes-Grotte in der Nähe der Straußenfarm Mitterhof oder der Teilnahme an der Vesper in der Klosterkirche. Möglich ist auch ein Abzweigen auf einen anderen Fernwanderweg: den Pilgerweg VIA PORTA ins thüringische Volkenroda, von wo aus der Waldsassener Gründungskonvent im Mittelalter herbeigerufen wurde.

www.cisterscapes.eu

Der Blick aus dem Hildegard-Garten in Richtung des Schulhauses, wo sich u.a. Kursräume befinden.

Der grüne Daumen des Klosters

Die Bildung für nachhaltige Entwicklung ist eine der Hauptaufgaben der Umweltstation Abtei Waldsassen.

Eines der Ziele ist die Vermittlung eines verantwortungsbewussten Umgangs mit der Umwelt und den natürlichen Ressourcen. Seit Mai 2004 ist die Umweltstation staatlich anerkannt. Angeschoben wurde das vorbildliche Unternehmen von Sr. M. Laetitia Fech OCist., die 1995, mit damals 37 Jahren, zur Äbtissin gewählt wurde. Es bildete den Keim für das Kultur- und Begegnungszentrum Waldsassen (KUBZ), das mit einem umfangreichen Angebot an Führungen, Diskussionen, Gebets- und Besinnungswegen jedem offen steht.

Ein Aushängeschild für die Einrichtung ist der Kloster- und Naturerlebnisgarten. Auf dem über 7000 m² großen Gelände lernen die Besucher nicht nur viele Kräuter, Bäume und Sträucher kennen, sondern erfahren auch viel Wissenswertes, wie diese laut Hildegard von Bingen, Pfarrer Sebastian Kneipp und nach der Temperamentenlehre verwendet werden können. Das Marienbeet, der Bauerngarten und die Kräuterspirale (die auch für Rollstuhlfahrer geeignet ist) laden ein, sich Anregungen und Informationen

über den jeweiligen Bereich zu holen und alte Gemüsesorten neu zu entdecken. Wer aktiv sein möchte, kann im Kneippbereich verschiedene Güsse durchführen, wer es ruhiger liebt, lässt sich in der Bienensauna durch die Lichteinfälle und das Summen der Bienen verzaubern. Ein weiteres Highlight ist das Gartenladl, das in Wabenform und in Strohballenbauweise errichtet wurde. Dort können regionale Produkte von Honig bis zu wilden Leckereien von Kräuterführerinnen erworben werden.

Für Kinder kommt das Entdecken nicht zu kurz – interaktive waldpädagogische Elemente und der Bienenschaukasten garantieren einzigartige Naturerlebnisse. Austoben können sich die Jüngsten auf dem neu errichteten Spielplatz. Möchte jemand tiefer in die Themen der Kräuterwelt oder Selbstversorgung einsteigen, bietet sich das bunte Jahresprogramm der Umweltstation Abtei Waldsassen an.

Umweltstation Abtei Waldsassen mit Kloster- und Naturerlebnisgarten

Brauhausstraße
95652 Waldsassen
Tel. 09632 / 920044
www.kubz.de
umweltstation@abtei-waldsassen.de

Öffnungszeiten Kloster- und Naturerlebnisgarten:

Ab 1. Mai bis Mitte Oktober:
täglich 10 - 18 Uhr
(Die Zeiten können sich witterungs- bzw. personalbedingt ändern)

Kulturzentrum des Stiftlandes

Basilika und Kloster Waldsassen

von Christian Malzer

Das Männerkloster Waldsassen wurde im 16. und zu Beginn des 19. Jahrhunderts gleich zweimal säkularisiert und die Klosterkirche nach 1803 zur Pfarrkirche umgewidmet. Dennoch wird heute das Ordensleben vor Ort aktiv praktiziert. In die Klosteranlage zogen 1864 Zisterzienserinnen aus Seligenthal ein. Aufgrund der Vernetzung zwischen dem Nonnenkonvent, der Pfarrei, der Stadt sowie den zahlreichen Vereinen ist Waldsassen auch heute noch das kulturelle und spirituelle Zentrum im Stiftland.

Die Basilika – Von der Kloster- zur Pfarrkirche

Das architektonische Herzstück ist die barocke Klosteranlage mit der ehemaligen Klosterkirche, die seit 1969 den päpstlichen Ehrentitel einer Basilica minor führen darf. Den Neubau initiierte Abt Martin Dallmayr von Fürstenfeld nach der Wiederbesiedlung Waldsassens. Unter seiner Ägide erfolgte 1685 die Grundsteinlegung. Vollendet und feierlich geweiht wurde das Bauwerk 1704 unter dem Waldsassener Abt Albert Hausner. Sein Wappen ist am Bogen des Orgeljochs verewigt.
Für ihr Vorhaben konnten die beiden Äbte prominente Künstler und Baumeister gewinnen. Neben Abraham Leuthner waren Georg und Christoph Dientzenhofer als Baumeister, der italienische Stuckateur Giovanni Battista Carlone sowie der Prager Maler Johann Jakob Steinfels und der Bildhauer Karl Stilp beteiligt. Ihr Zusammenwirken schuf einen der prächtigsten hochbarocken Kirchenräume Süddeutschlands mit böhmisch-italienischer Prägung. Ebenso wie die Klosterkirche die Glorie des Katholizismus nach außen hin sichtbar machen sollte, erstrahlte ursprünglich auch das Kircheninnere in einer barocken Farbenpracht. Diese wurde im Zuge einer umfassenden Innenrenovierung zwischen 1954 und 1957 für einige Jahrzehnte durch eine monotone weiße Fassung überdeckt. Erst die jüngste Innenrenovierung (2013 bis 2017) machte diesen Eingriff rückgängig. Seitdem erstrahlt der Kirchenraum wieder in einer

Deckenfresko mit einer Szene aus der Waldsassener Klostergründungslegende.

Blick ins Langhaus der Waldsassener Basilika in Richtung des Hochaltars. Über dem Chorgestühl: die Fresken mit der Klostergründungslegende.

Die berühmte Waldsassener Klosterbibliothek mit den reichen Schnitzarbeiten von Karl Stilp.

Als Nachwuchsangebot fungiert der Kinder- und Jugendchor Cantabile. Vollauf der gregorianischen Choraltradition hat sich die 2011 gegründete Choralschola der Basilika Waldsassen verschrieben. Ihre Mitglieder halten das gesungene Wort Gottes als Bestandteil der liturgischen Handlung lebendig und bereichern damit verschiedene kirchliche Feiern.

Ein verstecktes Kleinod – Die neue Klosterkirche

Als die Zisterzienserinnen von Seligenthal im Jahr 1863 die barocken Klostergebäude zum Ausbau eines Filialklosters erwarben, sahen sie sich mit einem Problem konfrontiert: Die ehemalige Klosterkirche war inzwischen zur Pfarrkirche umgewidmet worden. Die Frage nach einem neuen Sakralraum wurde durch die Aufwertung des Filialklosters zum Priorat (1894) umso dringlicher. Noch vor der Erhebung zur eigenständigen Abtei (1925) kam es daher im Mai 1923 zum ersten Spatenstich im östlichen Innenhof des Klosters und im Juli desselben Jahres zur Grundsteinlegung für die neue Klosterkirche. Bereits ein Jahr nach dem ersten Spatenstich war der Kirchenneubau vollendet. Auch dieser Bau erfuhr zwischen 2007 und 2009 eine Generalsanierung. Dabei wurde eine Öffnung zum Kreuzgang geschaffen, sodass ein einladender Zugang zur Kirche entstand und im Rahmen von Prozessionen ein würdiger Einzug erfolgen kann. Seit Dezember 2009 können auch Besucher täglich um 17.30 Uhr an der gesungenen Vesper der Zisterzienserinnen teilnehmen.

Der Freundeskreis der Abtei

Mit dem Verein Klosterfreunde von Waldsassen steht der Zisterzienserinnenabtei ein Freundeskreis zur Verfügung. Er bemüht sich vor allem darum, die Eigenmittel des Klosters zu stärken. Seit 1996 fungiert Monika Hohlmeier als Vorsitzende des Vereins, der nicht zuletzt durch die charismatische Strahlkraft von Äbtissin Laetitia Fech seine Mitgliederzahl vervielfachen konnte.

Durch sie und den Italiener Vittorio Beifiori kamen im Jahr 2002 zahlreiche italienische Förderer hinzu, die sich in einem Freundeskreis in Verona und Umgebung zusammengefunden haben. Auch innerhalb des Freundeskreises wird eine musikalische Neigung gepflegt. Dies kommt in einer Reihe von Benefizkonzerten zum Ausdruck. Zu diesem Zweck konnten namhafte Ensembles, Chöre und Dirigenten wie die Bamberger Symphoniker, der Tölzer Knabenchor und Freiherr Enoch zu Guttenberg gewonnen werden.

Die Klosterbibliothek – Musealer Touristenmagnet

Mit jährlich über 60.000 Besuchern stellt der im Rahmen von Führungen zugängliche barocke Bibliothekssaal des Klosters einen Besuchermagneten dar. Anders als die Basilika konnte der Saal 1863 von den Zisterzienserinnen mit erworben werden. Die ehemaligen Buchbestände waren jedoch bereits in andere Bibliotheken verlagert worden. Was heute noch an alten Folianten in den Regalen unterhalb der Empore bestaunt werden kann, stellt eine Dauerleihgabe der Provinzialbibliothek Amberg dar. Diese wurden dem Konvent 1965 quasi als Requisiten für die museale Kulisse überlassen. Die von den Zisterzienserinnen seit ihrer Wiederbegründung selbst angesammelten Bücher nehmen heute den Regalraum über der Empore ein.
Die Buch- und Schriftkultur pflegte das Kloster Waldsassen seit seiner Gründung im 12. Jahrhundert. Größere Bibliotheksbauprojekte sind aber erst im ausgehenden Mittelalter belegt. Ein erstes umfassendes Bücherinventar stammt aus der Zeit kurz nach der der ersten Aufhebung des Männerkonvents. Auch nach der Wiederbesiedlung wurden rasch Pläne zum Bibliotheksneubau gefasst. Die bis 1688 durch Georg Dientzenhofer errichtete Bibliothek nimmt bis heute die beiden Obergeschosse im Westflügel des Konvents ein. Die Innenausstattung wurde jedoch erst 1724 unter dem neugewählten Abt Eugen Schmid, der zuvor Stiftsbibliothekar war, ausgeführt. Noch im gleichen Jahr vollendete der Italiener Jacopo Appiani den Stuck sowie die Fresken im Bibliotheksraum. Der Bayreuther Maler Karl Hofreiter gestaltete die ovalen Medaillons mit Porträts bedeutender Kirchenväter. Auch die vier großen Deckengemälde, die Szenen rund um den bedeutenden Zisterzienserheiligen Bernhard von Clairvaux zeigen, stammen von ihm.
Prunkstück des Bibliothekssaals sind jedoch die zehn geschnitzten, lebensgroßen Holzfiguren von Karl Stilp, die mit ihren Schultern die umlaufende Empore stützen. Die Atlanten sollen Personifikationen der verschiedenen Facetten des Hochmutes wie etwa Dummheit, Prahlerei oder Heuchlerei darstellen. Zusammen mit dem Waldsassener Schreiner Andreas Witt schuf Stilp um 1725 auch die zweigeschossigen Regale, die Empore und die Spindeltreppen, die sich hinter verschiebbaren Bücherschränken in den Ecken des Saales verbergen.

Blick ins Innere der 2009 renovierten Klosterkirche der Zisterzienserinnenabtei Waldsassen.

Wegweiser zwischen Himmel und Erde

Das Stiftland als Sakrallandschaft

von Georg Schrott

Mit der Stiftländer Sakrallandschaft verbinden mich zwei Kindheitserinnerungen an meine Großeltern. Wenn meine Großmutter und ihre Schwester loszogen, um Blaubeeren zu sammeln, begaben sie sich immer in den Wald an der „Roten Marter". Wenn ich mit meinem Großvater spazieren ging, lüftete er an jedem Feldkreuz – und von ihnen gab und gibt es viele – den Hut. Gott und Christus war an einer solchen Stelle die Ehre zu erweisen.
Kreuze und Marterl waren also nicht nur Erinnerungszeichen aus früheren Zeiten oder dekorative Ausstattungsstücke der Landschaft, sondern Teil des religiösen Brauchtums. Und zugleich nutzte man sie als Orientierungspunkte in der Landschaft. Statt an Karten oder GPS-Daten orientierte man sich früher an Bildstöcken und frommer Architektur.

Markante Orientierungspunkte sind seit jeher Kirchtürme. Wer durchs Stiftland wandert oder fährt, wird immer wieder erleben, wie sich nach dem Durchqueren eines Waldstücks die Landschaft öffnet und in der Blickachse eine Zwiebelhaube mit einem Kreuz auftaucht. Gegenüber den Doppeltürmen der Stiftskirche in Waldsassen waren die eintürmigen Dorfkirchen zwar schlichtere Gotteshäuser, aber doch die architektonischen Dominanten der Ortschaften. Im Inneren weisen auch sie nicht wenig barocken Glanz auf. Die Prälaten als oberste Pfarrherren achteten darauf, dass hier Gott erfahrbar wurde – und die Präsenz der Pfarr- und Grundherrschaft. So waren die Kirchen und ihre Türme zugleich geistliche und weltliche Landmarken.

Wegzeichen: Steinbergkappelle, Maria Loreto, Stationsweg der Kappl

Steigt man den Bärnauer Steinberg hinauf, beschreitet man einen breiten, von einer eng stehenden Baumallee gesäumten Weg. Schritte, Wahrnehmung und Gedanken werden kanalisiert und fokussiert auf das Ziel: das Gnadenbild des Gegeißelten Heilands. Die Topographie ist ganz in den Dienst der Frömmigkeit gestellt. Treten die Besucher nach verrichtetem Gebet aus der Kapelle hinaus, liegt ihnen das südliche Stiftland und die nördliche Oberpfalz zu Füßen; ein Anblick, der manchen vielleicht ebenfalls andächtig werden lässt.
So kann es einem auch in Maria Loreto bei Starý Hrozňatov/Altkinsberg ergehen, einem ab 1664 von den Egerer Jesuiten errichteten Heiligtum, das man von Waldsassen aus in zwei Stunden zu Fuß erreicht, über die Grüne Grenze nach Tschechien und entlang den Stationen eines Kreuzweges. Durch Zerstörung und Zerfall war die Stätte während der sozialistischen Zeit zur Ruine verkommen. Nach der Wende wurde die Anlage auf Initiative eines deutschen Fördervereins wieder instandgesetzt.

Wiedererstanden nach dem Fall des Eisernen Vorhangs: die Wallfahrtsstätte Maria Loreto bei Starý Hrozňatov/Altkinsberg im nahen Tschechien.

Ein weiterer Stationsweg führt von Waldsassen durch den Forst nach Norden. Hier ließ Abt Albert Hausner 15 Bildsäulen aufmauern, die die Geheimnisse des Rosenkranzes zeigen. Hatte man den dritten Rosenkranz beinahe zu Ende gebetet, erreichte man den Waldrand und erblickte die Wallfahrtskirche Kappl.

Einzigartig: die Kappl

Sie ist die mit Abstand eindrucksvollste Wallfahrtsstätte in der gesamten Region. Georg Dientzenhofer gelang es mit seinem 1685–89 umgesetzten

Wallfahrtsweg, Äußeres und Inneres der Steinbergkapelle bei Bärnau.

Entwurf, die christliche Lehre von der göttlichen Dreifaltigkeit auf die bestmögliche architektonische Weise zum Ausdruck bringen. Der Zentralbau ist vom Grundriss eines gleichseitigen Dreiecks aus entworfen, das an jeder Seite durch einen Halbkreis ergänzt ist. Die Gewölbe der drei so entstandenen Konchen sind durch ihre Ausmalung (erneuert 1934–40 nach einem Brand) den göttlichen Personen zugeordnet: Gott Vater, Christus und dem Heiligen Geist. In die Ecken, an denen die Konchen aneinanderstoßen, sind drei zylindrische Türme mit charakteristischen Zwiebelhauben gestellt. Ein Umgang schließt noch einmal alle Bauteile zu einer Einheit zusammen. Erst durch seine Ausstattung im Inneren erhält das Gotteshaus eine eindeutige Orientierung: Das Gestühl ist auf den Hochaltar in der Ost-Apsis ausgerichtet, ihm gegenüber schwebt im Westen die Schwalbennest-Orgel über den Besuchern.

Früher erzählten sich die Leute: Die Aufrichtung des Dachstuhls hätte den Zimmerleuten große Schwierigkeiten bereitet. Da sei einer hinzugetreten und habe ihnen die Lösung ihres Problems verraten. Dieser war, wie sich herausstellte, kein Geringerer als der heilige Zimmermann Josef selbst.

Die Wallfahrt soll bereits auf das Hochmittelalter zurückgehen, ehe sie durch die Reformation erlosch. Für die zisterziensischen Auftraggeber des Neubaus nach der Rekatholisierung war die Kappl ein Instrument ihrer gegenreformatorischen Bemühungen. Nur wenige Kilometer von der Grenze zum protestantischen Sechsämterland gelegen, entstand ein großartiges Zeichen katholischer Frömmigkeit. Vielleicht hegte man die Hoffnung, dass das überkonfessionelle Patrozinium auch „akatholische" Menschen ansprechen konnte.

Im Schatten der Kappl: Wallfahrten in der Umgebung

Es ist nicht ausgemacht, ob nicht die Wallfahrt zur Schmerzhaften Muttergottes in Tirschenreuth die bedeutendere Wallfahrt im Waldsassener Stiftland war. Landschaftsprägend ist sie aber nicht: Das Gnadenbild wird in einem Anbau an die Pfarrkirche verehrt.

Die Kappl bei Münchenreuth – Ziel für Wallfahrer, Fotografen und Architekturliebhaber.

Betendes Wandern – Rosenkranzsäule auf dem Stationsweg von Waldsassen zur Kappl.

Doch es gibt noch weitere Pilgerziele in der Umgebung. Meist haben sie den Charakter von „Bergheiligtümern". Das trifft auf den Bärnauer Steinberg zu, aber auch auf den Kreuzberg am Rand des Marktes Wiesau. Hier kann man nicht nur höhere Hilfe suchen, sondern auch Figuren von Karl Stilp finden, dem Meister, der die Atlanten im Waldsassener Bibliotheksaal schuf.
Nicht weit davon entfernt, aber schon außerhalb des Waldsassener Stiftlandes, gründete der Schlossherr von Fuchsmühl eine Marienwallfahrt, nachdem ihm an einer Linde zwei Lichter erschienen waren. Ebenfalls eine Stiftung des lokalen Adels ist eine Wallfahrtskirche zwischen Bad Neualbenreuth und Ottengrün. Im 15. Jahrhundert ließ man sie zu Ehren des hl. Sebastian errichten, der als wichtigster Schutzpatron gegen die Pest verehrt wurde. Im 18. Jahrhundert erhielt sie ihre heutige Form. In der Region wird sie üblicherweise als die „Kleine Kappl" bezeichnet.
Im Dorf Marchaney findet man das originellste Bauwerk des Waldsassener Laienbruders und Klosterbaumeisters

Die „Kleine Kappl" – Wallfahrtskirche zum hl. Sebastian bei Ottengrün.

Das kleine Jesuskind ist in einer einfachen Krippe zur Welt gekommen. Liebevoll blicken Maria und Josef auf das Neugeborene und Ochs und Esel spenden Wärme in dieser Heiligen Nacht. Die Szene ist auf der ganzen Welt bekannt und spendet Trost und Hoffnung.

Die frohe Botschaft im lebendigen Alltag

Stiftländer Krippenwelten

von Barbara Habel

Mit Weihnachtskrippen holen sich die Menschen die Heilsbotschaft ins Wohnzimmer unter den Christbaum. Eine Gekaufte kommt den Stiftländer Krippenschnitzern aber nicht ins Haus. Seit etwa 200 Jahren gestalten sie ihre eigenen Krippenwelten. Darin steht zwar Christi Geburt im Zentrum, im Umfeld aber spielen sich viele weitere Geschichten ab.
Die Krippenbauer haben es immer verstanden, die Geschehnisse der Geburtsnacht in unterschiedliche Lebensräume und Zeitepochen einzubauen. Weitläufige Landschaften und steile Berghänge bieten Platz für vielfältige Szenen aus dem Alten und Neuen Testament. Der Betrachter lässt sich hineinziehen in diese detailverliebten Darstellungen und entdeckt immer wieder Neues. Beim Blick auf die aufwendig gestalteten Krippenlandschaften vergisst man schnell, dass es Laienschnitzer sind, die diese filigranen Figuren gestalten. Viele haben es zu einem meisterlichen Handwerk geschafft.
Die Zentren der Stiftländer Krippenkunst sind in Mitterteich, Plößberg und Tirschenreuth zu finden. Dort gibt es noch die aktiven Krippenschnitzer, die sich regelmäßig treffen und ihre Krippen mit selbst gefertigten Figuren aus Lindenholz erweitern und ergänzen. Neue Mitglieder sind jederzeit willkommen und lernen von den erfahrenen Schnitzern den einen oder anderen Kniff.

Raumgroße Hauskrippen

Geschnitzt wird hauptsächlich für die eigene Hauskrippe. Sie wird von Generation zu Generation weitergegeben und fortgeführt. So entstanden weitläufige Krippenlandschaften, die schon lange nicht mehr unter den Christbaum passen. Jedes Jahr vor Weihnachten beginnt der aufwendige Aufbau der Hauskrippe, teilweise sogar in einem eigenen Raum. Schon das ganze Jahr über sammeln die Krippenbauer für die Ausgestaltung Materialien

Die „Meierhöfer-Krippe" entstand in den 1930er Jahren und ist nach typischer Plößberger Art aufgebaut. Drei Jahrzehnte wurde die beeindruckende Landschaft nicht mehr aufgebaut, bis sie 2018 der OWV Plößberg von Günther Meierhöfer erwarb. Seine Mutter hatte die Krippe mit der Heirat mit nach Floß genommen. Sie kann nun im Museum Plößberg besichtigt werden.

in der Natur: Baumschwämme, Moose, Wurzeln und Rinde. Der Kreativität sind hier keine Grenzen gesetzt. Aber gut getrocknet muss das Werk sein, um Schädlinge und Feuchtigkeit von den Figuren fernzuhalten.

In der Weihnachtszeit beginnt dann das traditionelle „Krippenschaun". Nachbarn, Freunde und Interessierte kommen vorbei und bestaunen die wunderbaren Krippenwelten. Bei einem oder mehreren Gläsern Schnaps, dem Krippenwasser, holen sich die Gäste Anregungen für die eigene Krippe oder bestaunen einfach die vielen kleinen Details. Besondere Highlights sind die großen Krippenschauen in Plößberg, Mitterteich und Tirschenreuth. An drei Jahren hintereinander veranstaltet jeder dieser Orte eine große Ausstellung, zu der die Hauskrippen ausnahmsweise nicht daheim, sondern gemeinsam mit anderen in einem Saal gezeigt werden. Danach ist zwei Jahre Pause und der Turnus beginnt von vorne. Gäste von nah und fern nutzen die Gelegenheit, die versammelte Pracht der Krippenwelten zu erleben.

Alltägliche Szenerien

Aber was macht eine Stiftländer Krippe eigentlich aus? Um das zu beantworten, muss man sich die Figuren genauer ansehen. Sie sind weit mehr als reine Dekoration oder Beiwerk und häufig mit symbolischen Bedeutungen belegt. Mit der Darstellung von Festen, der Jagd, ortsbekannten Persönlichkeiten und der bäuerlichen Arbeit, also des ganz normalen

Alltags, entsteht die Lebendigkeit, die den Stiftländer Krippen eigen ist. Ein Beispiel dafür ist der Schlotfeger. Er ist berufstypisch in einen schwarzen Anzug mit einem Zylinder gekleidet, auf der Schulter trägt er eine Leiter. Der Schlotfeger gilt allgemein als Glücksbringer, da er den Schornstein von Ruß befreit und so die Brandgefahr im Haus vermindert. Das Glück soll er auch mit der Krippe ins Haus bringen.
In vielen Krippen ist ein junger Bursche zu entdecken, der vergeblich versucht, auf einem Geißbock zu reiten. Die Figur ist als „Goaßreiter“ bekannt und so eine „Goaß“ ist als Reittier denkbar ungeeignet. Sie ist stur, hat ihren eigenen Willen und ist von der Idee des ungestümen Burschen wenig begeistert. Nach einem erfolgreichen „Goaßreiter“ kann man lange suchen und so ist er ein Symbol für den Unnachgiebigen, der vergeblich versucht, sein Ziel zu erreichen. Hier treffen zwei Bockige aufeinander mit wenig Aussicht auf ein erfolgreiches Ende.
Im Gegensatz dazu steht der „Baamrutscher“. Er rutscht auf dem Hosenboden über einen Baumstamm und überquert so eine Schlucht oder einen Abgrund. Häufig begleitet ihn dabei sein treuer Hund. Der „Baamrutscher“ geht lieber auf Nummer sicher und lässt sich dabei

Der Goaßreiter, der Baamrutscher und der Bettler sind typische Figuren in der Stiftländer Krippe. In Mitterteich, Plößberg und Tirschenreuth gibt es noch aktive Krippenschnitzer, die diese Tradition pflegen. Bei den regelmäßigen Treffen geben sich gegenseitig Tipps und Anregungen für die Gestaltung der eigenen Hauskrippe.

nicht aus der Ruhe bringen. Bevor er auf wackeligen Beinen läuft und zuletzt gar abstürzt, nimmt er es in Kauf, belächelt zu werden. Er versinnbildlicht den Erfahrenen und Wohlüberlegten, der lieber kein unnötiges Risiko eingeht, bevor er zu neuen Ufern aufbricht.

Eine Spende Glorienwasser

Ganz typisch ist auch der Bettler, der mit einem Hut in der Hand meist ganz vorne in der Krippe zu finden ist. Er gehört zum Brauch des „Krippenschauns" und bittet um eine kleine Spende. Der Besuch legt eine Centmünze in den Hut der Figur, früher war es ein Pfennig. Dafür spendiert der Hausherr traditionell einen Schnaps, in Tirschenreuth wird es „Glorienwasser" genannt. Gemeinsam stößt man auf die gelungene Krippe an.
Im Stiftland ist das ganze Jahre über Weihnachten in den Museen. Das MuseumsQuartier Tirschenreuth, das Museum Mitterteich, das Museum im Rathaus Plößberg und das Stiftlandmuseum Waldsassen zeigen in eigenen Abteilungen historische Krippen aus der Region. Auch wenn es viele Gemeinsamkeiten gibt, hat jeder Ort doch seine

Unten: Im Winter 2022/23 fand die 11. Plößberger Krippenschau statt und lockte in knapp zwei Monaten 25.000 Besucher an. Sie alle wollten die größte Krippe der Welt sehen, eine beeindruckende Krippenlandschaft, die aus rund 8000 Figuren der Plößberger Laienschnitzer zusammengestellt wurde.

Das Landhaus im oberbayerischen Stil, die Figuren und Bäumchen hat Harald Gerl 2020 gefertigt. Vor dem Haus die Heilige Familie mit der Bauernfamilie, den Hirten mit ihren Schafen in geselliger Runde. Zum Krippenbau gehört nicht nur das Schnitzen, sondern auch der Bau von Häuschen und Krippenställen.

Die Papierkrippe des Tirschenreuther Kirchenmalers Maurus Fuchs aus der ersten Hälfte des 19. Jahrhunderts ist im MuseumsQuartier Tirschenreuth zu sehen. Bis Ende der 1970er-Jahre schlummerte sie auf einem Dachboden in einer unscheinbaren Spanschachtel. Sie umfasst 144 handgemalte Papierfiguren, die mit Papierblättern verstärkt wurden.

Eigenheiten. So gibt es in Tirschenreuth beispielsweise die Papierkrippe des Kirchenmalers Maurus Fuchs zu sehen, die Vorbild für viele Hauskrippen dort ist. In Plößberg zeigt der in die Höhe gebaute, imposante Krippenberg, dass sich die Schnitzer von den Allgäuer Krippen inspirieren ließen. Wer die Mitterteicher Krippen besucht, sollte unbedingt Ausschau nach der Krippenmaus halten, die sich in jeder Krippe versteckt. Doch das Herz einer jeder Krippe – und das vereint die Christen rund um den Globus – ist die Darstellung der Geburt Christi und die damit verbundene Botschaft vom Frieden für die Welt.

Krippenschaun in der Weihnachtszeit

Im Winter 2023/24 zeigen die Tirschenreuther Krippenschnitzer wieder ihre Kunstwerke. Im darauffolgenden Jahr ist wieder Mitterteich an der Reihe. Danach folgt wieder Plößberg. Über die genauen Termine informieren die Webseiten der Anbieter. In Waldsassen sind jedes Jahr ausgewählte Krippen beim Diepoldbrunnen vor der imposanten Kulisse der Basilika ausgestellt.

https://www.mitterteicher-krippenschnitzer-ev.de/
http://www.krippenfreunde-tirschenreuth.de/Seiten/Home.htm
https://www.krippenschau.de/

Faszinierende Zeit- und Themenreise

das zwoelfer - Der Museumsverbund im Landkreis Tirschenreuth

Die Museen im Stiftland und Steinwald haben sich 2020 zum Museumsverbund das zwoelfer zusammengeschlossen. das zwoelfer verbindet die Museen an zwölf erlebnisreichen Orten im Landkreis Tirschenreuth.

Geschichte zum Anfassen – Historische Schulbänke vermitteln im Heimat- und Bergbaumuseum Erbendorf einen Eindruck davon, wie es war, vor 100 Jahren in die Schule zu gehen.

Sie machen die Geschichte der Region auf ganz unterschiedliche Weise erlebbar. Von Fischzucht, Zoigl und Religion über Porzellan, Glas und Handwerk bis zu Archäologie, Bergbau und Handfeuerwaffen spannt sich der thematische Bogen. Und von 200 Millionen Jahre alten Zeugnissen aus der Dinosaurierzeit bis heute reicht die zeitliche Spanne, die sich hier eröffnet.

Auf der Zeitreise in den Museen zeugen Pfeilspitzen und Faustkeile vom Leben in der Steinzeit, lassen Darsteller das Mittelalter lebendig werden, erzählen Zeitzeugen von ihrer Arbeit in den Fabriken der Region. Sie vermitteln einen Einblick in die große kulturelle Vielfalt. Kein Museum gleicht dem anderen. Originale Objekte, Medienstationen, Bilder und Dokumente laden zu einer abwechslungsreichen Erkundung der Themenwelten ein. Audio-Guides und Führungen geben noch einmal ganz persönliche Einblicke in die Ausstellungen. Zum Reinschnuppern empfehlen sich der 360°-Rundgang und Videos unter dem Titel „Museum to go“. Regelmäßige Sonderausstellungen runden das vielfältige Angebot ab. Es lohnt sich daher auch ein wiederholter Besuch, sei es, weil regionale Künstler ausstellen oder regionale Themen neu zu entdecken sind.

das zwoelfer

Museen im Landkreis Tirschenreuth

Heimat- und Handfeuerwaffenmuseum Kemnath

In der historischen Fronfeste in Kemnath sind mehr als 200 Millionen Jahre Geschichte untergebracht.

Die Ausstellung nimmt den Besucher mit in eine Zeit, als Kemnath noch unter Wasser lag und Meeressaurier dort heimisch waren. Faustkeil, Pfeilspitzen und Schmuck bezeugen die Besiedlung der Region in der Steinzeit. Am Steinzeitspielplatz können Kinder sich selbst an der Bearbeitung von Stein und Knochen versuchen. Die größte Sammlung Fortschauer Waffen hat hier einen Platz gefunden. Sie stammen aus der ersten bayerischen Gewehrmanufaktur, die von 1689 bis 1801 in Fortschau bei Kemnath produzierte. Zellen mit teils erhaltener Einrichtung erzählen von der früheren Nutzung der Fronfeste als Gefängnis. Besondere Musikautomaten in allerlei Größen und Formen sehen und hören die Besucher im Musikeum.

Heimat- und Handfeuerwaffenmuseum Kemnath

Trautenbergstraße 36
95478 Kemnath
Tel. 09642 / 707717
www.hakkem.de

Öffnungszeiten:
Sonntag 14 - 16 Uhr
An jedem ersten Sonntag im Monat zusätzlich 10 - 12 Uhr
sowie nach Vereinbarung

Heimat- und Bergbaumuseum Erbendorf

In der Region um Erbendorf spielte der Bergbau früher eine wichtige Rolle.

Funde aus den regionalen Blei- und Kohlegruben sowie eine umfangreiche Mineraliensammlung sind heute im Heimat- und Bergbaumuseum ausgestellt. Neben den Schwerpunkten Geologie, Mineralogie und Bergbau befasst sich das Museum thematisch auch mit ausgestorbenen Berufen und zeigt Arbeitsgeräte und Werkzeuge der Erbendorfer Weber, Gerber und Schuhmacher.

In der Region von Bedeutung war einst auch die Herstellung von Glasperlen und Christbaumschmuck, wovon die Ausstellung facettenreiche Eindrücke vermittelt. Durch seinen „Vintage"-Charme begeistert zudem ein kompletter Erbendorfer Friseursalon. Ein originales Schulzimmer, die alte Arztpraxis oder der traditionelle Kramerladen übertragen ebenfalls ein echtes Gefühl für das Leben früherer Generationen und bereichern den abwechslungsreichen Rundgang.

Heimat- und Bergbaumuseum Erbendorf

Georg-Bertelshofer-Platz 1
92681 Erbendorf
Tel. 09682 / 921032
oder 09682 / 921022
www.heimatmuseum.erbendorf.de

Öffnungszeiten:
Jeden 2. Sonntag im Monat
14 - 16 Uhr
Mai - August zusätzlich
Mittwoch 14 - 16 Uhr
Eintritt frei
Gruppenpreise auf Anfrage

MuseumsQuartier Tirschenreuth

Im MuseumsQuartier gibt es für Jung und Alt viel zu entdecken und zu erfahren. In insgesamt neun Fachabteilungen werden die Besonderheiten der Kreisstadt Tirschenreuth und ihrer Umgebung vorgestellt.

Das „Haus am Teich" und die Abteilung Fischerei bieten Besuchern eine beeindruckende Aquarienlandschaft mit über 30 heimischen Fischarten.

MuseumsQuartier Tirschenreuth

Regensburger Straße 6, 95643 Tirschenreuth

Tel. 09631 / 6122

www.museumsquartier-tirschenreuth.de

Öffnungszeiten:

Dienstag bis Sonntag und an Feiertagen 11 - 17 Uhr

Handwerkerscheune Matzersreuth

Öffnungszeiten:
jeden 1. Dienstag und Samstag im Monat 9 - 12 Uhr
oder nach telefonischer Vereinbarung: 0151 / 28985203

Die Abteilung Fisch macht Naturkunde verständlich. Die Dauerausstellung vermittelt einen Eindruck von der tausendjährigen Entwicklung des Fischfangs und der Fischzucht. Über einen unterirdischen Gang, der ein Stück Stadtgeschichte präsentiert, gelangt man ins ehemalige alte Kloster. Dort sind wunderschöne, aufwendig gestaltete Krippen untergebracht. Herausragend ist die Papierkrippe des Tirschenreuther Kirchenmalers Maurus Fuchs, die bis heute die heimischen Krippenschnitzer inspiriert.

Tirschenreuth gehörte einst zu den Zentren der deutschen Porzellanindustrie. Feinstes Geschirr und Arbeitsgeräte zeigen, wie in den Porzellanfabriken produziert wurde. Zur Geschichte der Stadt gehört allerdings auch das Schicksal der Heimatvertriebenen aus den Kreisen Plan und Weseritz. Sie haben unter anderem in der Region eine neue Heimat gefunden. Eine Heimatstube erinnert an ihr Leben, ihre Kultur und ihre Erlebnisse. Eine eigene Fachabteilung wurde auch dem berühmtesten Sohn der Stadt, Johann Andreas Schmeller, dem Begründer der bayerischen Sprachwissenschaft, gewidmet. Sein „Bayerisches Wörterbuch" gilt bis heute als ein Standardwerk.
In der Fachabteilung Ikonen sind 40 Unikate zu bestaunen. Ikonen sind nicht nur Zeugnisse einer besonderen Tradition der orthodoxen Kirche, sie bieten gleichsam Gelegenheit zur Besinnung und Begegnung mit einem kunstvollen Evangelium in Farbe. Regelmäßige Sonderausstellungen und museumspädagogische Angebote runden das Angebot ab.
Ein besonderes Erlebnis bietet die Handwerkerscheune, eine Außenstelle des MuseumsQuartiers in Matzersreuth. Hier hat die ehemalige Fassbinderei Mickisch ein neues Zuhause gefunden. Ehrenamtliche lassen das Fassbinderhandwerk aufleben. Seit 2021 ist die Handwerkerscheune Teil der bayerischen Liste des Immateriellen Kulturerbes.

Gelebtes Museum

Das Gelebte Museum ist im denkmalgeschützten ehemaligen Schul- und Rathaus in Mähring untergebracht.

Abwechslungsreiche Angebote für die Dorfgemeinschaft füllen das Haus mit Leben. Regelmäßig finden dort grenzüberschreitende Aktivitäten mit den tschechischen Nachbargemeinden statt. In seiner geschichtlichen Entwicklung ist Mähring als Grenzort zu Tschechien geprägt vom Neben- und Miteinander.

Im Obergeschoss zeigt die Dauerausstellung die spannungsvolle Geschichte und das Leben in der Grenzregion rund um Mähring. Hierbei wird die Vertreibung aus den früheren deutschen Gebieten Plan und Weseritz (heute Planá und Bezdružice) sowie die vielen „verschwundenen Dörfer" entlang der Grenze am Beispiel Lohhäuser thematisiert. Regelmäßige Sonderausstellungen ergänzen und bereichern das museale Angebot.

Gelebtes Museum

Rathausstraße 98
95695 Mähring
Tel. 09639 / 914010
www.maehring.de
gelebtes-museum@t-online.de

Öffnungszeiten:
nach telefonischer Vereinbarung
Eintritt frei

Burg Falkenberg

Die Burg Falkenberg blickt auf ein Jahrtausend wechselvoller Geschichte zurück.

Lange Zeit galt sie als uneinnehmbar, bis die Schweden sie 1648 während des 30-jährigen Krieges zum Großteil zerstörten. Bis in die 1930er Jahre verfiel die Burg zur Ruine. Erst der Diplomat Graf Friedrich-Werner von der Schulenburg ließ sie in ihrer heutigen Erscheinungsform aufbauen. Er wollte die Burg als Alterssitz nutzen, doch dazu kam es nicht. Nach dem misslungenen Anschlag auf Hitler am 20. Juli 1944 wurde der Graf als Mitwisser verhaftet und zum Tode verurteilt. Die multimediale Ausstellung erzählt vom Leben des Diplomaten. Bei einer Führung erwartet die Besucher ein Streifzug durch die bewegte Geschichte der Burg.

Burg Falkenberg

Burg 1
95685 Falkenberg
Tel. 09637 / 929945-0
www.burg-falkenberg.bayern
info@burg-falkenberg.bayern

Öffnungszeiten:
Sonntags und an Feiertagen öffentliche Burgführungen

Mai bis September
14 Uhr und 15.30 Uhr

Oktober bis April 15.30 Uhr und nach Anmeldung

Eintritt: gegen Spende

Museum Mitterteich

Das Museum in der früheren Porzellanfabrik Mitterteich AG zeigt am originalen Schauplatz, wie die Menschen hier gearbeitet haben.

Museum Mitterteich
Tirschenreuther Straße 10
95666 Mitterteich
Tel. 09633 / 9187-78
www.museum.mitterteich.de
info@museum.mitterteich.de

Öffnungszeiten:
Dienstag bis Freitag 9 - 17 Uhr
Samstag 9 - 12 Uhr
Sonntag 14 - 17 Uhr

In der ehemaligen Gießerei wird die Geschichte der Porzellanfabrik lebendig. Historische Maschinen, Werkbänke, Formen und halbfertige Produkte zeugen von der Zeit, als hier noch Porzellan gefertigt wurde. Im Mittelpunkt stehen jedoch die früheren Mitarbeiterinnen und Mitarbeiter, die von der Arbeit und dem Leben in der Fabrik erzählen.
Auch die Glasindustrie hat eine lange Tradition in Mitterteich. Bis heute produziert die Schott AG in der Stadt Glasröhren für den Weltmarkt. Im Museum sind nicht nur die fertigen Produkte zu sehen. Eine historische Danner-Pfeife zeigt, wie in dem sogenannten „Dannerverfahren" Glasrohre zwischen zwei und 60 mm Durchmesser entstehen. Mundgeblasene Glaszylinder und Werkzeuge erinnern an das frühere DESAG-Werk.

Neben der Industrie hat auch das Handwerk seinen Platz im Museum gefunden, das Brauen ist eines davon. Das Mitterteicher Zoiglbier ist seit dem 16. Jahrhundert über die Stadtgrenzen hinaus bekannt und beliebt. Die originale Zoiglstube nimmt den Besucher mit zum Ursprung dieser lebendigen Tradition. Weihnachtskrippen, die alte Schusterwerkstatt und ein Webstuhl geben Einblicke in die Geschichte der über 800 Jahre alten Stadt.
In der Abteilung zum Mitterteicher Künstler Herbert Molwitz kommen Kunstfreunde auf ihre Kosten. Er war ein genauer Beobachter der Region und schuf zahlreiche Kupferstiche, Zeichnungen und Aquarelle mit Ortsansichten. Seine Leidenschaft galt den Unkräutern, den unscheinbaren Pflanzen, die er detailverliebt zu Papier brachte.
Regelmäßige Sonderausstellungen zu regionalen Themen, Kunst und modernem Handwerk runden das Angebot ab. Gruppen und Schulklassen erhalten über Führungen und pädagogische Angebote tiefere Einblicke in die gezeigten Themen. In der Kreativwerkstatt ist Mitmachen angesagt, zum Beispiel beim Porzellanbemalen. Gerne werden maßgeschneiderte Pakete zusammengestellt.

Bei Mitmachprogrammen können die Besucher selbst aktiv und kreativ werden.

Sengerhof

Nur wenige Schritte vom Ortszentrum entfernt lädt ein imposanter Egerländer Vierseithof zum Besuch.

Noch bis 1989 lebte Anna Schöner (Hausname „Senger“) in dem Hof, der über zwei Jahrhunderte der Familie gehörte. Ihr war es wichtig, dass die Menschen sehen, wie man damals lebte und so vererbte sie das Anwesen 1989 mitsamt Inhalt der Markgemeinde Neualbenreuth. Nach umfangreicher Sanierung entstand nicht nur ein Museum, sondern auch ein Ort der Begegnung für Veranstaltungen, standesamtliche Hochzeiten und Konzerte. Besucherinnen und Besucher erfahren durch die originale Einrichtung, Fotos und regelmäßige Sonderausstellungen, wie das Leben im Sengerhof in früherer Zeit war.

Sengerhof

Turmstraße 5 - 7
95698 Bad Neualbenreuth

Tel. 09638 / 933250

www.badneualbenreuth.de
badneualbenreuth@sibyllenbad.de

Öffnungszeiten:
April bis Oktober:
Montag und Freitag
14 - 16 Uhr
und nach telefonischer Vereinbarung
Eintritt frei

Grenzlandheimatstuben Bad Neualbenreuth

Die Grenzlandheimatstuben befinden sich in der Alten Posthalterei in einem Egerländer Fachwerkhof direkt am Marktplatz.

Seit 1979 ist Bad Neualbenreuth die Patengemeinde der beiden ehemaligen Orte Maiersgrün (heute Vysoká) und Grafengrün (heute Háj) jenseits des Tillenberges in Tschechien. Die früheren Bewohner der Grenzdörfer und aus dem Kreis Marienbad stellen in den Grenzlandheimatstuben ihre bei der Vertreibung geretteten Heimatschätze aus.
Die ausgestellten Objekte erzählen vom damaligen Alltag, von Vereinen, Festen und Handwerkskunst. Unter den Exponaten befinden sich Trachten, Haushaltsgeräte, sakrale Gegenstände, Musikinstrumente, Dokumente, Porzellan und Wäsche, wie handgefertigte Stickereien, die über 100 Jahre alt sind.

Grenzlandheimatstuben Bad Neualbenreuth

Marktplatz 10
95698 Bad Neualbenreuth

Tel. 09638 / 933250
www.badneualbenreuth.de
badneualbenreuth@sibyllenbad.de

Öffnungszeiten:
März bis Oktober: Mo bis Fr 9 - 16 Uhr
November bis Februar: Mo bis Fr 9 - 13 Uhr
Ostern bis Oktober: auch Samstag 9 - 12 Uhr
Eintritt frei

Das Stiftlandmuseum lädt zu einer Reise in die Vergangenheit.

Stiftlandmuseum Waldsassen

Die Stadtgeschichte von Waldsassen ist eng verknüpft mit der Entwicklung des Klosters. Im Museum sind zahlreiche Dokumente, Bilder und Grafiken darüber zu finden.

Stiftlandmuseum Waldsassen

Museumsstraße 1
95652 Waldsassen

Tel. 09632 / 88-160
(Tourist-Info)
www.waldsassen.de
tourist-info@
waldsassen.de

Öffnungszeiten:
Ab Anfang April:
Donnerstag bis Sonntag
13 - 16 Uhr
Von 6. Januar bis Anfang April: Winterruhe

Detailgetreu werden alte Stiftländer Werkstätten vom Zimmerer, Schuster, Sattler oder Schlosser gezeigt. In längst verschwundenen Läden wie dem Hutmacher, dem Kramer oder einem Friseur von anno dazumal gibt es einen originalen Einblick in die gute alte Zeit. An die Ära des Bergbaus und der Porzellanherstellung wird ebenso erinnert wie an die Tradition der Krippen. Nicht zuletzt ist im Keller eine echte Zoiglstube aufgebaut.

Liebevoll zusammengetragen und präsentiert finden die Besucher in dem regionalen Schwerpunktmuseum auf vier Etagen Exponate zu über 50 Themen aus dem früheren Leben im Stiftland. Das Stiftlandmuseum eignet sich für Jung und Alt. Neben vielen verschiedenen Themen zu Bereichen aus der Heimat ist hier die größte Sammlung alter Werkstätten und Handwerksgeräte in der Oberpfalz ausgestellt. Jährlich wechselnde Sonderausstellungen bieten neue Exponate.

Kindertipp

Spaß im Museum – Kinder dürfen in der Hutmacherwerkstatt verschiedene Hüte aufprobieren! Schulklassen sind herzlich willkommen, es steht ein pädagogisches Konzept für einzelne Abteilungen im Museum zur Verfügung. Führungen durch das Museum für Gruppen können in der Tourist-Info Waldsassen gebucht werden.

Mystische Phänomene und authentische Quellen

Der in der Ortsmitte von Konnersreuth gelegene historische Schafferhof lädt zu einem Besuch des Theres-Neumann-Museums ein.

Das im Juni 2022 eröffnete Haus zeichnet erstmals das Leben und Wirken der Konnersreuther Resl mit authentischen Exponaten und Quellen aus erster Hand nach.
Theres Neumann (1898-1962) erlangte durch das Auftreten ihrer mystischen Phänomene ab 1926 weltweite Bekanntheit. Seitdem setzte eine wahre Völkerwanderung nach Konnersreuth ein. Die Motive für einen Besuch waren unterschiedlich, von Neugier und Sensationslust bis zu tief empfundener Frömmigkeit. Theres Neumanns Geschichte polarisiert bis heute.
Nach dem am 13. Februar 2005 eröffneten Seligsprechungsprozess für Theres Neumann war es notwendig, eine fundierte Informations- und Dokumentationsstelle für die zahlreichen Gäste Konnersreuths zu schaffen. Durch die wissenschaftliche Konzeption des Museums wird nun die Geschichte der Mystikerin durch Quellen objektiv erzählt. Eine Vielzahl an authentischen Exponaten sowie Ton-, Bild- und Filmaufnahmen aus ihrer Lebenszeit sind zu sehen. 17 Medienstationen veranschaulichen und vertiefen die Inhalte. Museumsgäste können sich somit selbst ein Bild von den Geschehnissen machen.

Das Leitmotiv des Museums lautet: „Wege nach Konnersreuth", denn das Wort „Weg" hat eine vielfältige Bedeutung: der tatsächliche Lebensweg, aber auch der Weg im übertragenen Sinn als die Richtung, die ein Mensch einschlagen kann. Analog dazu tragen die acht Ausstellungräume jeweils einen Titel, der die Lebenswege der Resl widerspiegelt, wie zum Beispiel „Der Gerade Weg – Theres Neumann ermutigt". Hier wird die Rolle Theres Neumanns während der NS-Zeit beleuchtet. So lebt jeder Raum von seinem Weg und jeder Weg von seinen Exponaten.
Das Museum ist im ehemaligen Wohnstallgebäude des Schafferhofs, einem ortsprägenden Dreiseithof, zu besichtigen. Während der Schließzeiten des Museums ist der Innenhof mit seinen Bild- und Infotafeln immer öffentlich zugänglich. Das ehemalige Ackerbürgeranwesen bietet zudem Platz für Seminare, Hochzeiten, Sitzungen und andere Feierlichkeiten. Das gesamte Areal wurde während der Restaurierung barrierefrei und rollstuhlgerecht ertüchtigt.

Der Schafferhof, ein Ackerbürgeranwesen, liegt im Herzen von Konnersreuth und bietet nach seiner Sanierung zusammen mit dem Theres-Neumann-Museum Platz für Seminare, Hochzeiten, Sitzungen und andere Feierlichkeiten. Das gesamte Areal wurde während der Restaurierung barrierefrei und rollstuhlgerecht ertüchtigt.

Theres Neumann mit ihrer Nichte Benedikta Härtl (geb. 1941) vor Vogelkäfig, um 1943. Theres Neumann liebte Tiere. In ihrem Zimmer hielt sie Singvögel und Fische in einem Aquarium, die ihr große Freude bereiteten.

Theres-Neumann-Museum

Hauptstr. 20
95692 Konnersreuth
Tel. 09632 / 9233371
www.theres-neumann-museum.de

Öffnungszeiten:
Täglich von 10 - 16 Uhr
Außerhalb der regulären Öffnungszeiten für Gruppen und Schulklassen nach Vereinbarung

Auf Resls Spuren wandeln

Zur Resl von Konnersreuth führen viele Wege. Das Geburts- und Sterbehaus, der Resl-Garten und ihr Grab gehören zu den authentischen Orten.

Nicht zu vergessen ist die Pfarrkirche St. Laurentius, in der sie viel gebetet, aber auch jahrzehntelang den Blumenschmuck hergerichtet hat. Hinzu kommen Orte jüngeren Datums, die ihr Leben und ihre Mission auf unterschiedliche Weise vermitteln: Zusätzlich zu dem Theres-Neumann-Museum laden ein Kreuzweg und ein Wald-Besinnungspfad zur Begegnung ein. Vorträge, musikalische Programme, monatliche Gebetstage, darunter der große Resl-Gebetstag am 18. September, sind ein fester Bestandteil des Veranstaltungskalenders von Konnersreuth. Theres Neumann ist in der 1800-Einwohner-Ortschaft rundum präsent und hat in der ganzen Welt Freundeskreise.

Um die Bewahrung des Andenkens hat sich nicht zuletzt auch Pfarrer Benedikt Leitmayr verdient gemacht. Bei einem Ausflug mit den Kapuzinern von Eichstätt kam er 1978 zum ersten Mal mit dem Lebensumfeld der berühmten Konnersreutherin in Berührung. Zu der Zeit hatte er gerade seine Lehre als Elektriker beendet.
Der Entschluss, seinen Beruf aufzugeben und der Berufung zu folgen, war für Benedikt Leitmayr eine Herzenssache. „Es war die Aufgabe, Menschen in ihrer Ganzheit seelisch, sozial und vom Herzen her zu begleiten, die mich am Beruf des Pfarrers gereizt hat", lautet seine Überzeugung, hinter der er noch heute steht. Im Anschluss ans Abitur, das er an der Spätberufenenschule in Fockenfeld nachholte, trat er 1984 in die Gemeinschaft der Sales-Oblaten ein und empfing 1991 die Priesterweihe. 2002 übernahm der Pater das Amt des Sekretärs im Konnersreuther Ring und wurde Lehrer an der Schule in Fockenfeld, 2013 Pfarrseelsorger in Konnersreuth und gleichzeitig Vorsitzender des Konnersreuther Rings. Als Ehrenkaplan begleitet er in Lourdes Gläubige auf ihrer Wallfahrt.

Theres Neumanns Visionen, ihr Widerstand gegen die NSDAP sowie ihr Einsatz für Kranke und Verletzte haben Benedikt Leitmayr tief geprägt. Als eine Region, in der die Volksfrömmigkeit noch stark ausgeprägt ist, lasse das Stiftland die Geschichte der Resl lebendig werden. „Das Stiftland hat eine Ausstrahlung in die Herzen der Menschen. Unabhängig von den konkreten Riten der Kirche ist die Botschaft eine universelle: Schau auf deine Seele, schau auf dein Herz, dann lebst du im inneren Gleichgewicht und kannst Großes bewirken." Um im Herzen ankommen und authentisch zu sein, braucht es nicht immer große Worte. Mit dieser offenen und warmherzigen Haltung hat Benedikt Leitmayr auch im Kleinen dazu beigetragen, Konnersreuth anziehend zu machen.

Pater Benedikt trägt die spirituelle Botschaft von Konnersreuth nach außen. Bekannt ist er auch dafür, dass er im Sommer wie im Winter barfuß in Sandalen geht, außer bei tiefem Schnee.

Links oben:
Grabstein von Theres Neumann auf dem Friedhof in Konnersreuth. Der Bildhauer Hermann Becker jun. erhielt 1963 von Pfarrer Joseph Naber den Auftrag, einen Grabstein für die am 18. September 1962 verstorbene Theres Neumann zu gestalten.

Links unten:
Ein authentischer Ort aus dem Leben der Resl von Konnersreuth: der Resl-Garten am Ortsrand.

Mittelalter zum Anfassen

Die Faszination für das Mittelalter ist groß. Märkte und Bücher, Filme und Serien zu dieser Zeit sind heute mehr denn je Dauerbrenner. Doch nur selten kommen diese der historischen Realität nahe.

In Bärnau kann man sehen, wie das Leben im 9. bis 14. Jahrhundert tatsächlich war. Seit 2011 sind im Geschichtspark Bärnau-Tachov 30 Gebäude entstanden, die originalgetreu nach archäologischen Funden gebaut und möbliert sind. Besonders die Veranstaltungen im Geschichtspark bringen das Mittelalter nahe. Dann zeigen Darsteller in historischer Kleidung das Alltagsleben der Menschen, wie sie gekocht, gebaut, ein Handwerk ausgeübt oder geerntet haben. So erleben die Besucher ganz konkret, wie hart die Lebensbedingungen damals waren, aber auch wie unerwartet fortschrittlich viele Arbeitstechniken anmuten.

Die ersten slawischen Sippen kamen im 8. und 9. Jahrhundert in das bayerisch-böhmische Grenzgebiet. Der Geschichtspark zeigt eine Siedlung mit verschiedenen Haustypen, die in der Region üblich waren. In einer zweiten Baugruppe erinnert der Park an die Christianisierung der heidnischen Slawen im 11. Jahrhundert. Diese wird symbolisiert durch eine 15 Meter hohe Turmhügelburg, eine Kirche sowie das Wohngebäude des Ministerialen. Ministeriale waren eine Art adeliger Verwalter, die das Reich zur Befriedung und Organisation einsetzte. Das dritte Zeitfenster im Geschichtspark steht für die frühe Städtebildung. Die typischen Handwerkerhäuser und vor allem die mächtige Herberge machen deutlich, dass der Fernhandel im 13. Jahrhundert immer mehr an Bedeutung gewinnt. Zu einer der wichtigsten Reiserouten der Händler wird in dieser Zeit die Strecke zwischen Nürnberg und Prag, die Goldene Straße. Diesen Weg wählte Kaiser Karl IV. (1316-1378), der gemeinsame Regent von Deutschland und Böhmen, um zwischen seinen beiden Amtssitzen zu pendeln. Bärnau war damals wie heute ein Grenzort und damit eine Station auf dieser Route.

Neubau eines Königshofs – mit alten Techniken

Direkt neben dem Geschichtspark bauen Handwerksmeister seit 2018 einen Königshof, an dem auch Karl IV. seine Freude gehabt hätte. Auf der Schaubaustelle kann der Besucher zusehen, wie der große Steinkomplex mit sechs einzelnen Bauwerken entsteht. Hier erleben sie, wie Kalk gebrannt und Eisen verhüttet wird, Steine von Hand gespalten und aus Stämmen nur mit der Axt Balken gehauen werden. Bei dem Bauprojekt, das bis zum Jahr 2040 fertiggestellt sein soll, kommen ausschließlich mittelalterliche Techniken und Werkzeuge zum Einsatz. Ein besonderes Highlight ist der Betrieb des Holzkrans, der nach mittelalterlichem Vorbild gebaut wurde. Das

Darsteller in mittelalterlicher Kleidung präsentieren im Geschichtspark Jahrhunderte altes Haus- und Handwerk. Besucher können selbst mit anpacken und alte Techniken ausprobieren.

zu Grunde liegende binationale Projekt ArchaeoCentrum bayern-böhmen ist eine Kooperation mit den Universitäten Bamberg, Pilsen und Prag und soll sowohl den wissenschaftlichen Nachwuchs ausbilden als auch das historische Handwerk erforschen und bewahren. Darauf aufbauend hat das bayerische Heimatministerium 2021 begonnen, hier ein Kompetenzzentrum für historisches Handwerk und historische Baustoffkunde zu etablieren.

Träger des Geschichtsparks Bärnau-Tachov und des ArchaeoCentrums bayern-böhmen ist der Verein Via Carolina – Goldene Straße. Dieser setzt sich mit seinen Projekten für das Wiederentdecken der gemeinsamen deutsch-tschechischen Geschichte in der Region ein.

Geschichtspark Bärnau-Tachov

Naaber Str. 5b
95671 Bärnau

Tel. 09635 / 9249975

www.geschichtspark.de
info@geschichtspark.de

Öffnungszeiten von Ende März bis Anfang November:

Dienstag bis Sonntag 10 - 18 Uhr (letzter Einlass: 17 Uhr)

Montags außer an Feiertagen geschlossen

Quellen der Inspiration

Engelbert Süß und seine erzählenden Brunnen

von Manfred Knedlik

Sagen-, Mythen- und Märchengestalten haben es Engelbert Süß angetan. Die archetypischen Figuren beflügeln seine künstlerische Fantasie und Schöpfungskraft, wobei er den Fabelwesen nicht nur plastische Gestalt und Sichtbarkeit verleiht, sondern zugleich ihre eigentümliche, magische Ausstrahlung abzubilden sucht.

Als ästhetische Zeugnisse von eindringlicher Faszination ziehen seine bildnerischen Arbeiten den Betrachter in ihren Bann, lassen ihn in eine eigene, ‚fabelhafte' Welt eintauchen. Immer wieder wird darin eine innere Verwandtschaft mit dem bedeutenden Oberpfälzer Sagensammler Franz Xaver Schönwerth (1810-1886) sichtbar, mitunter gibt es sogar direkte Bezüge, etwa auf dem „Schönwerth Sagen- und Märchenpfad" im Zottbachtal, wo Süß die Stationen „Des Windes Heulen" und „Der Mond im Brunnen" gestaltet hat.

In einem Zaubersack fängt und verprügelt der gewitzte „Schmied von Mitterteich" die Höllengeister und kann so dem Teufelspakt entrinnen. – An die Sage von den „Hankerln" erinnert das zwergenhafte Geschöpf, das dem Betrachter den geheimen Zugang zu großen Schätzen weist.

Der Künstler, 1949 in Mitterteich geboren, kann auf ein reiches Oeuvre zurückblicken. Schon in früher Jugend zeigt Süß ein ausgesprochenes Talent für Zeichnen und Schnitzen, später absolviert er die Glasfachschule in Zwiesel und errichtet in Pfreimd ein Atelier, mit neuester Technik ausgestattet, wo er unter anderem seine „inspirativen Glasideen" umsetzt. Daneben zählen Keramik und Bronze zu den bevorzugten Materialien. Wichtige Werkgruppen bilden abstrakte Hinterglasmalereien, Glasobjekte, teils raumhohe Stelen aus strukturiertem Glas und Fenster für sakrale Gebäude, ferner die vielen erzählenden Bronzebrunnen im öffentlichen

Raum. Engelbert Süß legt Wert auf den ästhetischen Eindruck seiner Schöpfungen, die zugleich einen hohen Grad von Kunstfertigkeit, technischer Virtuosität, inhaltlicher Erfindungsgabe und gestalterischer Qualität zur Schau stellen.

Der Schmied von Mitterteich

Auch im Stiftland haben Motive aus Sagen, Märchen und Legenden sowie Geschichtliches aus den Orten der Region die bildhauerische Erzählung seiner bronzenen Brunnenfiguren beeinflusst. Im historischen Ortskern von Mitterteich, am Unteren Markt, begegnet man dem „Schmied von Mitterteich". Inspirationsquelle des Kunstwerks ist eine Versdichtung des 19. Jahrhunderts, die überlieferte Märchen- und Sagenstoffe literarisch gestaltet. Die überlebensgroße Plastik zeigt den Schmied im Kampf mit den Höllengeistern, die er im (verzauberten) Sack hat und mit derben Schlägen traktiert. Im Apfelbaum, als Zeichen des Lebens, hängt jämmerlich der Tod. Im Bronzebildwerk zusammengefasst erscheinen hier zentrale Szenen der Verserzählung: die Überlistung von Teufel und Tod. Der Mitterteicher Schmied hatte dem Höllenfürsten seine Seele verkauft, um eine Frau zu finden. Diese erfährt von dem Teufelsbündnis und sucht auf einer Wallfahrt Hilfe bei der Gottesmutter Maria, die ihren Sohn zu einem Besuch auf Erden bewegt. Im Haus des Schmieds erfährt Christus eine freundliche Aufnahme, weswegen er ihm drei Wünsche gewährt. Durch seine kluge Wahl kann sich der Schmied nach Ablauf des Paktes der Nachstellungen des Teufels und seines Heeres erwehren und schließlich an seinem Lebensende auch noch dem Tod, der einem Zauberbann verfällt, fünf weitere Lebensjahre abtrotzen. Wie in einem Brennglas bündelt Süß den literarischen Stoff, in völliger Reduktion auf einen Kernpunkt der Handlung. Sein Credo: „Am vollkommensten ist ein Kunstwerk dann, wenn es sich auf das Wesentliche beschränkt, da nur dann die gesamte Schönheit eines Stückes zum Tragen kommt."

Von der Gründungslegende des Klosters Waldsassen ist der Stiftsbrunnen inspiriert. Dabei erwirbt der Zisterziensermönch so viel Grund und Boden, wie er an einem Tag auf dem Esel umreiten kann.

In unmittelbarer Nähe zu diesem Monument erhebt sich ein Trinkbrunnen, der gleichfalls einen sagenhaften Hintergrund hat. Auf einer Granitsäule hockt ein zwergenhaftes Geschöpf, ein Hankerl, das mit seiner linken Hand auf einen Zauberschlüssel zeigt. Wer ihn findet, gewinnt Zugang zu einer Höhle im nahe gelegenen Teichelberg, wo unermessliche Schätze lagern. Dorthin hatte sich das hilfreiche Zwergenvolk, enttäuscht von der Undankbarkeit der Menschen, nach einem tödlichen Streit mit den Mitterteichern zurückgezogen.

Stiftsbrunnen Waldsassen

In Waldsassen verweist der Stiftsbrunnen im Stadtpark Schwanenwiese auf die reizvolle Gründungslegende des

In sieghafter Haltung, mit erhobenem Kreuz, steht der in Konnersreuth geborene Missionar Liberatus Weiß auf fünf Steinen, die seine Marterwerkzeuge werden sollten. Die kleine Szene zu seinen Füßen zeigt ihn mit seinen Gefährten in einem Boot auf der Fahrt über das rote Meer nach Äthiopien.

Klosters, eine Erzählung, die sich um einen Eselsgraben rankt. Das Hauptmotiv der Brunnenanlage bildet ein auf einem Esel reitender Mönch. Es handelt sich um den Edlen Gerwig von Volmarstein, der sich mit einigen Gefährten in einem einsamen Waldstück, der Köllergrün, niedergelassen hatte, um ein gottgeweihtes Leben zu führen. Dort begegnete er eines Tages dem Landesherrn, Markgraf Diepold III., der seinem einstmals besten Freund aus Freude über das unerwartete Wiedersehen so viel Land für den Bau eines Klosters stiftete, das der fromme Mann auf einem Esel sitzend an einem Tag umreiten konnte. Voller Stolz präsentiert die bronzene Brunnenfigur in ihrer Rechten die Schenkungsurkunde Diepolds, mit ihrer Linken weist sie auf das geschenkte Land, das Stiftsland. Unterhalb der Figurengruppe öffnen sich im Waldboden, dargestellt durch einen Baumstock und wirres Wurzelwerk, einige Quelllöcher, auch aus den Mäulern zweier Waldgeister ergießt sich Wasser als lebensspendende Kraft.

Kunstwerke in Konnersreuth und Tirschenreuth

Religiös-historische Bezüge nehmen zwei weitere Brunnenkunstwerke in Konnersreuth und Tirschenreuth auf. In Konnersreuth erinnert eine fast lebensgroße Bronzefigur auf dem Kirchvorplatz an den hier geborenen Missionar Liberatus Weiß (1675-1716), der 1988 als Märtyrer seliggesprochen wurde. Die ausdrucksstarke Komposition zeigt den Franziskanerpater mit einem Kreuz in der erhobenen Rechten, als Verkünder der Frohen Botschaft im fremden Land. Beigesellt sind zwei kleinere figürliche Szenen, die seinen Missionsweg im Tal des Nils und auf der Meerüberfahrt nach Äthiopien abbilden.
Über dem Wasserspiel des Brunnenge-

fäßes aus Flossenbürger Granit, das vor dem Kloster „Unsere Liebe Frau“ auf dem Kirchplatz in Tirschenreuth aufgestellt ist, erhebt sich – eine besondere Wärme und Freundlichkeit ausstrahlend – die Figur der Maria als Himmelskönigin. Um dieses Zentrum sind bildreiche Darstellungen von Mariä Verkündigung und Christi Geburt gruppiert, dazu eine Historie der Wallfahrt zum Tirschenreuther Gnadenbild. Wiederum bestechen die Brunnenbildwerke durch ihren Reichtum an Details und Symbolen, durch die Lebendigkeit des Ausdrucks. Deutlich wird: Engelbert Süß versteht sich als „Erzähler“ von Geschichte und Geschichten, denen er bildhauerische Gestalt verleiht.

Maria als Himmelskönigin empfängt den Besucher auf dem Tirschenreuther Kirchplatz. Zu ihrer Rechten entfaltet sich die bildreiche Erzählung von Verkündigung und Geburt Jesu. Die ins Gebet versunkene Jungfrau Maria empfängt durch den Erzengel Gabriel die Botschaft Gottes, das Jesuskind liegt in den Mantelfalten seiner Mutter, und Josef verfolgt das einzigartige Wunder in liebender Distanz.

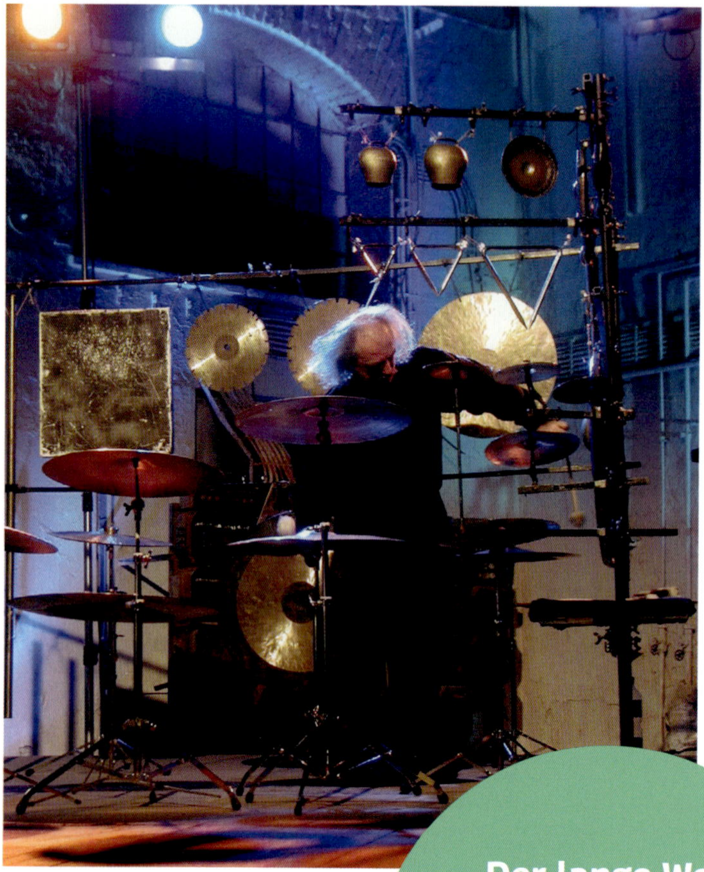

Der lange Weg zum Gesamtkunstwerk

Künstlerporträts (1): Zu Besuch bei Jeff Beer

von Oliver van Essenberg

Man hatte mir Jeff Beer als Grandseigneur empfohlen. Wer sich nach herausragenden Künstlerpersönlichkeiten im Stiftland erkundigt, bekommt oft seinen Namen genannt. Das stattliche Gebäude-Ensemble im Siebenhöfedorf Gumpen nahe Falkenberg, in dem Jeff Beer lebt und arbeitet, unterstreicht diesen Status. Ebenso das Werk, das er als Musiker, Komponist, Maler, Grafiker, Fotograf, Bildhauer und Autor geschaffen hat.

Bei meinem ersten Besuch kommt er in Begleitung seines Hundes von einem Spaziergang um die Ecke. Mir fallen als Erstes sein kraftvoller Händedruck und der entschlossene Blick auf. Im Kontrast zum Eindruck einer gewissen Erdigkeit steht die weiß-graue Mähne, die den Kopf einrahmt und Jeff Beer irgendwie eine spirituelle Aura verleiht.
Jeff Beer wuchs in Mitterteich auf und hat als Allround-Künstler Karriere gemacht. Seit 1977 ist er nahezu jedes Jahr mit Ausstellungen und Konzerten im Inland oder im Ausland präsent, oft mit großem Renommee. Mehr als ein Dutzend seiner Plastiken sind im öffentlichen Raum zu sehen. Als Komponist, Musiker und Bildender Künstler erhielt er viele Preise und Auszeichnungen, hinzu kommen zahlreiche Veröffentlichungen als Lyriker und Prosa-Autor. Woher kommt diese schier grenzenlose Kreativität? Die Frage nach dem Ursprung einer persönlichen Entwicklung führt selten zu einem festen Punkt, an dem die Fäden schicksalhaft zusammenlaufen, sicher ist jedoch, dass das Ausdrucksbedürfnis auch bei Jeff Beer weit zurückreicht. Bereits mit 19 Jahren, anno 1971, gründete er eine professionelle Progressive-Rock-Band, die unter dem Namen „Odin“ eine Art Kult-Album veröffentlichte. Jeff Beer glänzte hier als Autodidakt an der Hammond-Orgel. Wenn er heute davon berichtet, betont er gerne, dass er sich die teure, mit 16 Jahren erworbene Orgel jahrelang vom Mund absparen musste. Die Eltern standen den

Jeff Beer ist international aktiv. Oben: Beim Soloabend in der Vankovka-Konzerthalle, Brünn (Tschechien). Das Künsterdomizil in Gumpen (unten) ist sein Anker.

künstlerischen Ambitionen kritisch bis ablehnend gegenüber. Der Vater wollte den Sohn zum Nachfolger seines Handwerksbetriebs machen, hatte bei dem eigensinnigen Kind damit jedoch keinen Erfolg.

In der Episode kristallisiert sich eine wichtige Erfahrung heraus, die Jeff Beer noch häufig nützlich sein sollte: die Fähigkeit, sich durchzubeißen und sein Ding zu machen. Praktisch lief das später, während seines Studiums an der Musikhochschule Würzburg, darauf hinaus, dass er rastlos arbeitete und studierte. Jeff Beer schloss das Studium in den Fächern Perkussion, Klavier und Komposition jeweils mit Staatsexamen ab, absolvierte zusätzlich zwei Meisterklassen und nahm sich trotzdem noch die Zeit, um parallel die Sparten Malerei und Literatur auszubauen. Bei der Suche nach den Keimzellen dieser künstlerischen Potenz finden sich in Jeff Beers Biographie, wie bereits angedeutet, schon sehr früh prägende Erlebnisse. „Als Kind übten die Bilder der Alten Meister eine starke Magnetkraft auf mich aus, so sehr, dass ich Abbildungen ihrer Werke aus Magazinen ausschnitt oder von Zigarrenkisten ablöste und versuchte, sie zu kopieren", berichtet Jeff Beer. „Ich habe auch ganz früh angefangen, mit Tönen und Instrumenten zu ex-

Jeff Beer kann als Bildender Künstler ein Erzähler sein. Im Bild oben: eine Collage mit dem Titel „Der Solist".

perimentieren und hatte den Wunsch, die Melodien einzufangen, die mir durch den Kopf flogen", sagt er, und dann mit Nachdruck: „Ich wollte wissen, wie das geht."

Wurzeln des Eroberungsdrangs

Jeff Beers kindliche Erlebnisse sind mehr als flüchtige Träumereien, sie verdichten sich zu einer fruchtbaren Erlebnisschicht und stiften ein Band des Wissen-Wollens. Was im Kindesalter spielerisch begann, setzte sich später als Eroberungsdrang fort. Das Elternhaus förderte das umtriebige Interesse zwar nicht, lehrte den Sohn jedoch die Fähigkeit, handwerklich genau zu arbeiten. In der Werkstatt des Vaters konnte er wertvolle Erfahrungen mit Mechanik, Eisen, anderen Materialien sowie allen möglichen Werkzeugen machen.

Sinnliches Vergnügen an kreativen Ausdrucksformen, handwerkliches Spezialwissen und Selbstbehauptung sowie eine an den elementaren Lebensfragen orientierte geistige Durchdringung – das dürften die wesentlichen Ankerpunkte in Jeff Beers Biographie sein. Seit Jahrzehnten formt er darauf aufbauend ein Gesamtkunstwerk – nicht wie ein Bastler, der mit wenigen Materialien und Methoden auskommt, sondern eher wie ein Abenteurer, der sein Instrumentarium ständig erweitert und verfeinert. Das Domizil in Gumpen macht das in phänomenaler Weise deutlich. Von dem ehemals bäuerlichen Anwesen, das abgerissen werden sollte, hat Jeff Beer nicht viel mehr als die Grundmauern und Holzskelette stehen lassen. Die Umwandlung in ein Ensemble aus Wohnort, Werkstatt, Veranstaltungsort und Atelier entspricht im Ganzen einem Kunstwerk. Wie fühlt es sich für ihn an, nach Auftritten in der halben Welt, Stipendien und Studienaufenthalten in Paris und New York, hier seinen Lebensmittelpunkt gefunden zu haben? Er fühle sich nicht isoliert, sagt er. Er genieße „die unglaubliche Freiheit", die er sich inzwischen „erkämpft hat". Mit den heutigen Möglichkeiten der digitalen Medien falle es ihm nicht schwer, Kontakte zu halten und international zu arbeiten.

Stilistische Verwandlungen

Die Stille und die Kargheit der Landschaft erlebt Jeff Beer nicht als Mangel, in der Provinz ist der Erfahrungsdruck höher als in einer quirligen Metropole. Hier in seinem ländlichen Refugium komme es einzig darauf an, sich bereit zu halten für den entscheidenden Moment der Inspiration, der Neues offenbart. Dabei muss sich Jeff Beer stilistisch immer wieder verwandeln, um alle Fragen abdecken zu können, die die Existenz stellt. So ist in Jahrzehnten ein völlig heterogenes Gesamtwerk entstanden. Einmal ist die Malerei hochabstrakt, auf Farbflächen und feinste Linien reduziert, dann in Form von Stillleben gegenständlich-figurativ. Bei seinen Collagen hat jedes einzelne Werk einen ge-

Ein Augenblick entscheidet über den magischen Moment. Das Foto auf dieser Seite (Titel: Grammatik des Wassers) ist bei einer Wanderung entlang der Waldnaab entstanden. Rechts: die Skulptur „Schwinge" bei Falkenberg.

heimnisvollen, vielfach auslegbaren Sinn. Ein agiles und mobiles Denken ist auch für den Autor kennzeichnend. Das schlägt sich lyrisch in aphoristischer Verdichtung nieder, während Jeff Beer in seinem Roman verschiedene Sprachschichten mischt, die von trocken-biographisch bis hochsurrealistisch reichen. Als Musiker und Komponist ist er ein Meister des Abstrakten und Minimalistischen, an der Hammond-Orgel im mitunter jazzig inspirierten Blues-Rock wie in der freien, am komplexen Vokabular der Neuen Musik geschulten Improvisation zu Hause. Er kann seinen Bezugsrahmen extrem verengen und erweitern, in seiner Skulpturenwelt aus der Antike schöpfen, ins Archaische gehen, figürlich-verspielte, aber auch streng geometrische Großplastiken schaffen.

Die Fotografie nimmt bei ihm den gleichen Stellenwert ein wie die übrigen Sparten seiner Arbeit. Die Motive findet er unter anderem bei seinen landschaftlichen Erkundungen rund um das Gumpener Anwesen an der Waldnaab, aber er hat auch Serien in Berlin, Sankt Petersburg, Paris und New York fotografiert. Fotokunst ermöglicht wie gute Malerei ein neues Sehen und wie gute Musik ein neues Hören. Bis diese magischen Momente greifbar werden, kann viel Zeit vergehen – seine fotografischen Serien entstehen meist in mehrjähriger Auseinandersetzung. Wie auch immer – Jeff Beers Werk, dessen Qualität weit über den Augenblick hinausreicht, erweitert den Erfahrungshorizont und sprengt die Grenzen der Zeit.

www.jeffbeer.de

Wahlheimaten

Künstlerporträts (2): Unterwegs mit Susanne Neumann

von Oliver van Essenberg

Als mich Susanne Neumann in ihrem Waldsassener Wohn- und Atelierhaus begrüßt, habe ich den Eindruck, in einer Werkstatt zu sein, in der sich Kunst und Alltag untrennbar durchdringen. Ob Wohnzimmer, Atelier, Gang oder stilles Örtchen – jeder Raum wirkt bei ihr ein wenig experimentell, noch nicht ganz fertig.

Ihre Experimentierfreude überrascht immer wieder. In ihrer italienischen Wahlheimat (hier in Magliano Sabina in der Nähe von Rom) hat Susanne Neumann Kochutensilien zu einer Lawine vereint, die sich aus einem Küchenfenster ergießt.

Wo die Baustelle mit dem dazu gehörigen Handwerkszeug endet und wo die Kunst beginnt, lässt sich nicht immer eindeutig bestimmen. Improvisation scheint alles zu sein in Susanne Neumanns Leben. Dieser spontane Eindruck bestätigt sich mit Blick auf ihre Geschichte.

Eines ist Susanne Neumanns Leben sicher nicht: langweilig. Es gibt allein drei Orte, an denen sie abwechselnd zuhause ist: Seit 2017 arbeitet sie an und im Wohnhaus in Waldsassen, seit 2011 hat sie ein Atelier in Wien und seit 1995 ein Zuhause in der Toskana. In der italienischen Wahlheimat Seggiano betreut sie den Skulpturengarten „Il Giardino" des Objektkünstlers Daniel Spoerri und arbeitet hier zusätzlich auch an eigenen Werken. Susanne Neumanns Gesamtwerk ist multimedial, reicht von Drucktechniken über Malerei bis zu Installationen. Es umfasst Sammlungen von Alltagsobjekten, die sie in einen neuen Kontext einbindet, aber auch Skulpturen, wie zum Beispiel einen in Bronze gegossenen Holzsägebock ihres Großvaters, mit dem die Künstlerin einer vergangener Agrarkultur ein Denkmal gesetzt hat. Hinzu kommen temporär wechselnde Ausstellungsorte im In- und Ausland.

Ein Leben auf der Reise. Susanne Neumann verbringt in der Tat fast mehr Zeit mit dem Unterwegs-Sein als mit dem Daheim-Sein. Sie nennt sich in einer Selbstbeschreibung „Autonautin“ und erklärt: „Mein Auto ist mein Atelier“. Atelier Nummer vier. Autobahnen sind daher auch ein Thema, mit dem sie sich künstlerisch in einer Reihe von Bildern auseinandersetzt. Auf die Frage, was sie ausgerechnet an dem Thema interessiere, das unbedarften Zeitgenossen eher langweilig und nicht kunstwürdig erscheint, sagte sie einst in einem Interview aus dem Jahr 2006: „In erster Linie sind es rein ästhetische Faktoren, dann kritische.“ Die Zerstörung der Natur beurteilt sie kritisch. Das Landschaftserlebnis, das die befahrbaren Asphalt-Skulpturen eröffnen, fasziniert sie. Der

Der Versuch, Landschaftserlebnis, Technik und Ästhetik zusammenzubringen, führte Susanne Neumann zu einer Serie von Autobahnbildern. Die Künstlerin bezieht nicht nur ihren Lebensraum, sondern auch den Ort der Präsentation in ihre Werke ein und kombiniert Bilder oft auch mit einem räumlichen Objekt, wie bei dem Wandtableau oben (Ausstellung „Finding the forest“, Oberpfälzer Künstlerhaus Schwandorf, 2017).

Ein stillgelegtes Badehaus als Ausstellungsort? Susanne Neumann reizt es, wenn etwas unmöglich erscheint. Seit 2018 verwandelte sie mit einem Verein das Badehaus in Maiersreuth in ein Kunsthaus.

Hintergrund für die Wahl des Gegenstands ist wie fast immer bei Susanne Neumanns Werken ein ganz alltäglicher. Ihre Kunst entsteht aus lebensnahen Situationen. Meistens handele es sich um Momente, die wir aus Bequemlichkeit oder aus Gewohnheit nicht mehr hinterfragen, die wir so verinnerlicht hatten, dass wir uns der Qualität des Erlebten nicht mehr bewusst werden.

Mit diesem Kunstverständnis lässt Susanne Neumann das klassische Modell des Schönen, Wahren, Guten hinter sich. Natur ist für sie kein Idyll mehr, an das sich klebrige Sehnsüchte heften können. Je nach Situation kann sie bedroht und zugleich bewundernswert erscheinen. Geheimnisvoll anziehend, aber auch gefährlich. Die schwarz-weißen Monotypien mit Waldmotiven geben der Empfindung einen Ausdruck. Kommt in ihren Naturgemälden Farbe zum Einsatz, löst sie die vertraute Optik mit farblichen Verfremdungseffekten auf.

Im Zwischenreich zuhause

Vom naturhaft-künstlerischen Zwischenreich ist der Schritt in Susanne Neumanns reale Leben nicht weit. In der alles durchdringenden Sphäre des „Dazwischen" ist auch Susanne Neumanns Heimatgefühl angesiedelt. Heimat kann prinzipiell überall sein. Anders als in den 1950er Jahren, als Heimatvorstellungen wenig vielschichtig waren, als von Heimatlosigkeit, Unbehaustheit oder der Verlorenheit des modernen Menschen die Rede war, ist Susannes Neumanns Heimatgefühl schwer zu greifen. Was aus der Warte einer gewissen lebensweltlichen Enge als Schwäche erscheint, ist mit offenem Herzen betrachtet eine Stärke. Dem künstlerischen Zwischenreich entspricht lebenspraktisch die Fähigkeit, nirgendwo fest gebunden zu sein. Dies bewahrt Susanne Neumann vor einem Leben in konventionellen, gutbürgerlichen Bahnen. Auf der anderen Seite geht mit der Fähigkeit eine große Stärke in Sachen (Selbst-)Organisation und Improvisation einher.

Susanne Neumanns Toskana-Jahre spielen eine Schlüsselrolle für ihre Entwicklung als Künstlerin. Malerin war schon in der Schule ihr Berufswunsch, ihre zeichnerische Begabung weit überdurchschnittlich. „Nach dem Abitur hatte ich die klischeehafte Vorstellung, dass ich nach Italien gehen muss, um zur echten Künstlerin zu werden", sagt

sie. Von 1995 bis 2001 studierte sie an der Akademie der Schönen Künste in Florenz und legte hier die Basis für ihre handwerkliche Meisterschaft. Die Studentin lernte in der Toskana den international renommierten Objektkünstler Daniel Spoerri kennen und begann bereits im Jahr 2000, mit ihm zusammenzuarbeiten. Daniel Spoerri hat Susanne Neumanns bis dahin eher klassisches Kunstverständnis enorm erweitert und ihren Schritt zur Objektkunst angeregt. Für ihre Installation greift sie auf kuriose Alltagsobjekte zurück. So hat sie zum Beispiel abgerissene Autospiegel, die sie in einer engen Gasse von Florenz aufklaubte, neu montiert: in Form eines überdimensionalen Autospiegels.

Kunstvolle Inszenierungen

In keiner anderen Stadt Italiens sind Plastiken im öffentlichen Raum so kunstvoll inszeniert, so gelungen in die Stadt eingebunden wie in Florenz. Die Erfahrung, dass ein Kunstwerk nicht für sich existiert, dass es im Zusammenspiel mit der Umgebung vielmehr ein Gesamtkunstwerk bilden kann, hat Susanne Neumanns Herangehensweise geprägt. Daher nimmt sie bei Ausstellungen immer erst den Raum in Augenschein, in dem ein Werk seinen Platz finden kann. Mehr noch: Sie produziert Werke für den Raum, gibt ihnen eine Bühne. Statt Bilder und Objekte in Reih und Glied zu präsentieren, schafft sie auf einen offenen Raum, der aus Beziehungen zwischen allen Elementen besteht.

Vieles kann für Susanne Neumann zur Bühne werden: die Stadt, das Land, die freie Natur. Ihre individuellen Haltepunkte findet sie auch ohne Stellwände. So kann selbst ein extravaganter Ort wie ein Badehaus zur Bühne werden. So wie in Maiersreuth, wo Susanne Neumann auf die Idee kam, das leerstehende Badehaus für ein Kunstprojekt zu nutzen (siehe S. 166). Sie kann hier ihre Fähigkeiten der Improvisation und des ständigen Neu-Organisierens bestmöglich zur Entfaltung bringen.

Das Leben ist eine Reise, weiß der Volksmund. Und mit Susanne Neumann lassen sich Entdeckungen machen, gerade auch dort, wo sich Kunst nicht in gefälliger Pracht zeigt, sondern die spannende Lebenswirklichkeit der Künstlerin sichtbar macht.

www.susanneneumann.de

Spieglein, Spieglein an der Wand, wer hat die schönsten Autospiegel im ganzen Land? Ein Teil von Susanne Neumanns beachtlicher Sammlung bei einer Installation im österreichischen Zöbing.

Das Schöne lauert an jeder Ecke

Zeitgenössische Kunst auf dem Land, nahe der tschechischen Grenze – kann das gelingen? Die Antwortet lautet: ja, das kann gelingen, sehr gut sogar.

Der Objektkünstler Daniel Spoerri sorgte 2021 mit einer Installation im Badehaus für Aufsehen. Bürger steuerten zur 700 Stöcke umfassenden Sammlung des Künstlers noch weitere Wander- und Gehstöcke bei.

Selbst dann, wenn es sich beim Ausstellungsort um ein ehemaliges Badehaus handelt. Und gerade auch dann, wenn das Publikum hier nicht nur spannende Ausstellungen, sondern auch Installationen, Musik, Theater und außergewöhnliche Kunstaktionen in der freien Natur erleben kann.

„Das Badehaus ist in der Region mit positiver Energie und Heilung verbunden. Die Erinnerung daran wollen wir auf jeden Fall aufrechterhalten", erklärt Susanne Neumann, Mitinitiatorin des Projektes und Vorständin des Vereins, der das Badehaus betreibt. Das 1989 eröffnete Badehaus stand bis 1996 für Bade- und Kurgäste offen. Auch nach der Schließung wurde es kontinuierlich gepflegt und gewartet, sodass der ursprüngliche Zustand erhalten blieb. Die Umnutzung begann 2018. Mit Hilfe der Förderoffensive Nordostbayern und Unterstützung der Gemeinde Bad Neualbenreuth, die Eigentümer des Gebäudes ist, entstanden Ausstellungs- und Bühnenflächen, Arbeitsräume und Ateliers. Hier treffen Künstlerinnen und Künstler aller Genres aufeinander. Das unmittelbar an das Badehaus anschließende ehemalige Kurmittelhaus wurde zum Wohn- und Arbeitshaus für Stipendiaten und Kunstschaffende umgebaut, die als Gäste eingeladen werden oder sich selbst hier einmieten können.

Seit 2019 bietet das Badehaus vielbeachtete Vernissagen, Ausstellungswochen, Konzerte, Theatergastspiele und Künstlersymposien an. Die Auswahl der Protagonisten ist kuratiert. Wichtig ist den Verantwortlichen, dass die Bevölkerung an den Projekten partizipiert. Ein erster Coup gelang dem Verein mit einer Ausstellung des international profilierten Objektkünstlers Daniel Spoerri. Er brachte eine Sammlung an eigenen Wanderstöcken mit und bat die Bevölkerung, zusätzliche Stöcke für eine Installation beizusteuern. Viele folgten dem Aufruf und kamen zur Ausstellung, um ihr namentlich beschriftetes Exemplar in einer Wolke von 800 Stöcken zu finden, die über dem Becken schwebte.

Kunst im Freien

Die Kunstaktionen führen auch hinaus ins Freie. Zum Haus gehören ein Garten und ein Bachlauf, der in Kooperation mit dem Sibyllenbad für „Kunst, Kräuter und Kneipp" genutzt wird. Der Weg ins Grüne ist überall nicht weit, sei es bei geführten Wanderungen, die anlässlich einer Ausstellung zum

„EUTER-Erhebung“ nannte Barbara Anna Husar ihre Aktion, bei der im September 2022 eine Woche lang ein Heißluftballon in Form eines Kuheuters über dem Badehaus schwebte und die Bevölkerung zu Fahrten einlud. Rechts: Die Kunstprojekte des Badehauses sind für alle da, ob bei Wanderungen, verbunden mit Kunstgenuss (im Bild: Andrea Zieglers Aktion „Waidblick) oder bei Punkkonzerten in der Badehalle.

Thema Hochsitze, stattfanden, oder bei der „EUTER-Erhebung über dem Badehaus“, einer spektakulären Aktion der österreichischen Künstlerin Barbara Anna Husar. Die Bevölkerung, insbesondere Landwirtinnen und Landwirte, konnten beim Flug mit dem EUTER die Grenzlandschaft von oben genießen.

Der Verein Badehaus Maiersreuth findet als Kunst- und Kulturbotschafter von vielen Seiten Beifall. 2022 wurde der Verein um den Vorstand Susanne Neumann, Axel T. Schmidt, Jürgen Heinl, Bettina Schrenk und Annette Spreitzer mit dem Staatspreis für bayerische Kreativorte ausgezeichnet. Der Zuspruch bestätigt die Projektleitung in ihrer Mission. Mit gestärktem Selbstbewusstsein würden die Menschen die Schönheit der Region neu entdecken und die nördliche Oberpfalz als attraktiver Standort sichtbar gemacht. Sponsoren und Förderungen helfen, weitere Programme und Perspektiven umzusetzen.

Kunstprojekt Badehaus Maiersreuth

Maiersreuth 10
95698
Bad Neualbenreuth
www.badehaus-maiersreuth.de
info@badehaus-maiersreuth.de

Eine Drehscheibe für Kunstvielfalt

Im Kunsthaus Waldsassen, kurz KuWa, gibt die Vielfalt der Kunstszene den Ton an. Ausstellungen, Konzerte, Kabarett, Soloauftritte, Kulturdokumentationen, Workshops und Schauspiel wechseln einander ab.

Kunsthaus KuWa: junge Künstlerfamilie beim Vorbereiten ihrer Ausstellung

Das Angebot hat eine Nische gefunden. Denn Kleinkunst hat im Stiftland nahe der tschechischen Grenze gefehlt. Als ein einheimischer Künstler dafür den Malzer-Stadel in der Altstadt ins Auge fasste, war das noch kein Durchbruch, aber immerhin ein Anfang. Zuerst wollte der schaffensfrohe Künstler Wolfgang Horn, der grobklotzige Holzstämme in Schönheiten verwandelt, im Stadel ein privates Atelier einrichten. Bis ihm in den Sinn kam, die ebenso heimatlosen Künstlerkollegen einzubeziehen. Damit war die Idee zum Kunsthaus geboren. Busenfreund und Architekt Markus Braun brachte das architektonische Know-how mit. Um einer Bruchbude modernen Kunstgeist einzuverleiben, entwarf er ein Konstrukt, dessen Architektur heute viele Gastkünstler aus allen Stil- und Landesrichtungen angenehm verblüfft.

Im Rathaus fanden Wolfgang Horn und Markus Braun offene Ohren. Die Stadtverwaltung übernahm die Trägerschaft für das 2016 gegründete KuWa und überließ dem Verein Kunsthaus Waldsassen unter Vorsitz von Wolfgang Horn und Markus Braun die Betreuung des Hauses. Künstler wie Besucher nahmen die Philosophie der Macher beim Wort. Von der ersten Stunde an wurde Qualität gefordert.

Spannend und handgemacht

Nicht die großen Namen bevölkern seither die drei Stockwerke bis hinauf in den hölzernen Kubus, dem Herzstück des KuWa. Spannend und handgemacht soll die Kunst sein, aus der Region für die Region, national, manchmal auch international. Schöngeister wie der international tätige Jeff Beer aus Gumpen (siehe S. 158), der Weltenbummler Robin Seur aus Holland, die Ausnahmekünstlerin Jannine Platz aus Hamburg oder der tschechische Künstler Jiri Jun waren im Wechsel mit heimischem Nachwuchs und hochbegabten Kunstschaffenden vertreten. Die Kleinkunst-Bühne entwickelte sich zur Plattform für junge Musiker. Sie kommen aus Deutschland, Irland, Schweden oder Japan. Zudem haben hier auch so manche Kabarett-Künstler ihr Debüt erfolgreich gemeistert.

Es sind die Begegnungen, die das gewisse Etwas im Kunsthaus ausmachen. Ist der öffentliche Teil eines Bühnenprogramms oder der Vernissage beendet, stoßen Künstler und Bewunderer mit einem Bier oder einem Wein auf den schönen Abend an, philosophieren über Gott und die Welt und die Kunst. Bis sich das bodenständige Flair mit extravaganten künstlerischen Fantasien mischt. Dann, sagen die Insider, wird der Kunstabend erst richtig schön.

Kunsthaus Waldsassen

Kunstgasse 1
95652 Waldsassen

www.kunsthaus-waldsassen.de

Kunsthaus Waldsassen Vorsitzender Wolfgang Horn mit Künstler Hans Jürgen Bröckl aus Flossenbürg bei der Vernissage von Bröckl mit Kunstwerk von Bröck.

Hintergrund

Das Kunsthaus Waldsassen veranstaltet regelmäßig alle vier Wochen Konzerte mit Künstlern aus ganz Deutschland und Europa. Mitglieder im Wechsel mit Bildenden Künstlern aus aller Welt präsentieren auf den drei Ebenen für jeweils vier bis sechs Wochen ihre Werke, begleitet von themenbezogenen Veranstaltungen. Der Verein Kunsthaus Waldsassen pflegt Kontakte zu Künstlern im Nachbarland Tschechien und übt sich in Jugendförderung bei Kooperationen mit Bildungseinrichtungen von der Grundschule bis zur Fachschule für Produktdesign, Selb. Unter den über 100 Mitgliedern befinden sich Künstler unterschiedlicher Couleur ebenso wie Kunstliebhaber oder stille Teilhaber, die Kunst fördern wollen.

Vom Kino zum Zaubertheater, vom Ingenieur zum Zauberer

Marco Knott begeistert bei Firmenevents, Messen und Hochzeiten die Menschen mit unglaublichen Kunststücken europaweit – und baut das Kino seines Opas in Bärnau zur Eventlocation und einem Zaubertheater um. Er ist vieles zugleich: Künstler, Zauberer, Ingenieur, Unternehmer… ein Multi-Talent für Multi-Events.

Mit 13 Jahren begann die Faszination und ließ ihn nicht mehr los. Er lernte von einem Berufszauberer aus der Schweiz, der auch ein enger Freund der Familie ist, Tricks und Kniffe. Daneben bildete er sich auch bei anderen Profis fort und entwickelte eigene Ideen. Hauptberuflich war Marco Knott zunächst 13 Jahre lang bei der Bundeswehr. In dieser Zeit absolvierte er sage und schreibe über 60 verschiedene Aus- und Fortbildungen, darunter regelrechte Schwergewichte, eine Meisterprüfung in Elektrotechnik, ein Studium im Wirtschaftsingenieurwesen, aber auch viele kleinere Lehrgänge, etwa zum Fitnessfachwirt, zum staatlich geprüften Ernährungsberater oder Fachkraft für Arbeitssicherheit, und schloss oft noch als Lehrgangsbester ab.

Rückkehr nach Bärnau

2018 war die Zeit reif für den Schritt in die Selbstständigkeit. Marco Knott kündigte seine Festanstellung als Projektingenieur in Nürnberg und kehrte nach Bärnau zurück, um sich ganz der Zauberei widmen zu können. Sein Großvater hatte in der Bärnauer Schlossgasse, direkt neben Knotts Wohn- und Elternhaus, bis 1999 ein Kino betrieben. Um ein Stück Familiengeschichte zu erhalten und zugleich ein neues Kapitel zu beginnen, baute Marco Knott das 50er-Jahre Kino um.
Vor der neuen, sieben Meter breiten Leinwand ist eine filmreife Bühne entstanden. Das Bühnenbild lässt sich mit neuer Technik innerhalb einer Minute komplett wechseln. Im Zuschauerraum

Großes Kino in der Schlossgasse: Der Zauberer Marco Knott verbindet im Schlosstheater Kunst und Emotion.

sitzen die Gäste wie in einem Amphitheater, in superangenehm gepolsterten Sesseln. Mit verschiedenen Projektoren, Dolby-Surround-Atmosphäre und 3D-Animationen kann Marco Knott den gesamten Zuschauerraum in das Geschehen einbeziehen. Er bespielt den 52 Plätze fassenden Saal für Firmenevents, exklusive Feiern und passt den Auftritt auf Wunsch den Anforderungen der Kunden an - sowohl inhaltlich als auch optisch.

Nicht zu vergessen sind die Soloprogramme, die Marco Knott eigens für das Schlosstheater kreiert. „In dem mit viel Aufwand umgebauten Saal habe ich optimale Bedingungen, um meine Vorstellungen zu 100 Prozent umsetzen zu können, um Kunst und Emotion zu verbinden", erzählt er. In seiner Zeit als selbstständiger Zauberer ist der Bärnauer bereits viel rumgekommen, trat im In- und Ausland auf, bei Messen, Tagungen, in Hotels, auf Schiffen, bei Prominenten... „Bei Kundenempfängen besteht meine Aufgabe auch darin, Menschen zusammenzubringen, da ich durch meine Kunststücke immer Stoff für Gespräche liefere." Und zwar viel Gesprächsstoff! Die sogenannte Close Up Magie, also Zauberei direkt vor den Augen meines Publikums, ist meine große Leidenschaft." Auf Gastspiele außerhalb des eigenen Theaters will er in Zukunft auf keinen Fall verzichten. Weil es seine Leidenschaft ist und er Abwechslung braucht wie kein anderer.

Magisches Schlosstheater Bärnau

Marco Knott
Schloßgasse 1
95671 Bärnau
Tel. 0176 / 22158359
www.magisches-schlosstheater.de
www.marco-knott.de
info@marco-knott.de
Programm s. Webseite, weitere Termine nach Vereinbarung

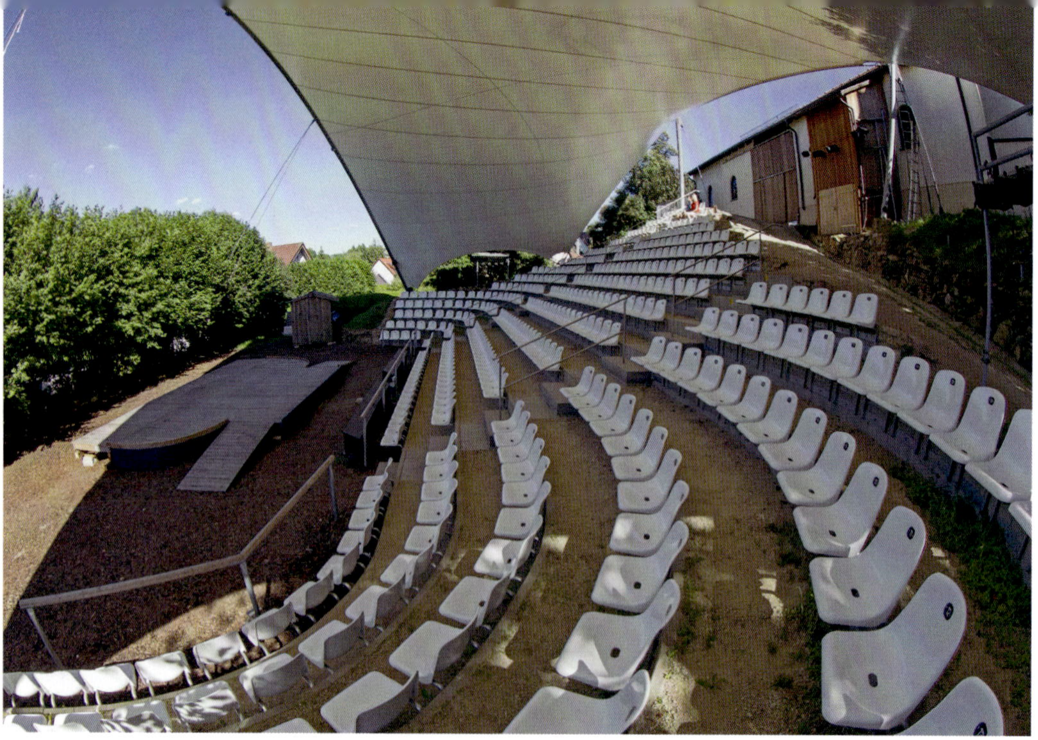

Die Naturkulisse spielt mit bei den Inszenierungen der stimmungsvollen Freilichtbühne.

Theater unterm Sternenhimmel

Wer auf dem Bärnauer Marktplatz unter den mächtigen Kastanienbäumen mit Blickrichtung Kirche steht und dann links des Gotteshauses durch die Pfarrgasse spaziert, kommt nach dem Pfarrhof und der alten Mädchenschule an einer unscheinbaren Einfahrt vorbei. Nach dieser Einfahrt sind es nur noch ein paar Schritte zu einer Freilichtbühne, die an dieser Stelle einen unerwarteten Anblick bietet.

Freilichtbühne Bärnau
Pfarrgasse 9
95671 Bärnau
Tel. 09635 / 92030
www.freilichtbuehne-baernau.de
info@freilichtbuehne-baernau.de

Die Bühne entstand, nachdem sich der Kultur- und Festspielverein „Wir im Bärnauer Land" 1999 gegründet hatte und nach ersten Aufführungen eine feste Spielstätte aufbauen wollte. Der ehemalige Klostergarten bot hier die besten Voraussetzungen, benötigte aber einiges an Vorarbeiten. Vor allem die Zeltdachkonstruktion, angelehnt an das Münchner Olympiastation, macht Eindruck. Es gab schon Besucher, die die Bühne besser als die Berliner Waldbühne fanden.

Seit 2003 steht die Freilichtbühne für vielfältige Veranstaltungen zur Verfügung, meist aus dem Genre Theater oder Musik. Wurde anfangs speziell auf deutsch-tschechische Themen Wert gelegt, wandelte sich mit der Zeit das Programm etwas. Im Wechsel mit den ursprünglichen Themen wurden jährlich vor allem Komödien des Oberpfälzer Komödianten Toni Lauerer gespielt. 2018 wagte sich das Ensemble an den Klassiker „Der Brandner Kasper und das ewige Leben" in einer ungewöhnlichen Besetzung. Dies war ein grandioser Erfolg. Er animierte die Gruppe als eines der ersten Ensembles überhaupt, die Fortsetzung „Der Brandner Kasper kehrt zurück" des bekannten Schauspielers und Regisseurs Wolfgang Maria Bauer auf die Bühne zu bringen. Auch damit konnten die Amateurschauspieler brillieren. Dass danach die Luisenburg Festspiele, Wunsiedel, das gleiche Stück in ihr Programm aufnahmen, spricht noch mehr für das Talent der Bärnauer Schauspieler.

2023 entschied man sich für eine Inszenierung des Krimi-Klassikers „Das indische Tuch" von Edgar Wallace. Der Verein wollte hier möglichst vielen Akteuren, vor allem auch den Nachwuchstalenten, eine Gelegenheit zum Mitspielen geben. Deren Spielfreude machte die Inszenierung zum Genuss. Wer also Theater einmal anders erleben will, ist auf der Bärnauer Freilichtbühne herzlich willkommen.

Heimat unternehmen

HeimatUnternehmen NordOberpfalz ist ein Netzwerk aus MacherInnen, das unternehmerisches Tun und das Wirken mit und für die Region vereint. Die HeimatUnternehmerInnen sind so vielseitig wie die Region.

HeimatUnternehmen NordOberpfalz

HU Steinwald+ |
Cornelia Müller
Tannenhäusl 2
95704 Pullenreuth
Tel. 0171 / 1198575
cornelia.mueller@heimatunternehmen.bayern

HU Goldene Straße |
Alfred Wolf
Naaber Str. 5b
95671 Bärnau
alfred.wolf@heimatunternehmen.bayern

www.heimatunternehmen-nordoberpfalz.de
www.heimatunternehmen.bayern

Vom Zauberer Marco Knott, der in Bärnau das Kino des Opas zum Magischen Schlosstheater entwickelt hat, vom Koch Johann Lemberger, der feine Slow Food-Küche in Altmugl kredenzt, über Familie Kohl, die zusätzlich zur Druckerei im Herzen Tirschenreuths nun auch Kaffee röstet und mit ihrer Kaffeedruckerei den Markt der Kreisstadt lebendig hält, bis hin zu Susanne Neumann und dem Badehaus, die der Kunst spannende Räume eröffnet – hier vernetzt sich eine Vielfalt, die überzeugt. Unendlich viel ist möglich, wenn Menschen mit guten Ideen, dem richtigen Gespür und der notwendigen Tatkraft sich vernetzen. Auf Oberpfälzisch: „Dou gaid wos!“

HeimatUnternehmen ist eine bayernweite Initiative der Bayerischen Verwaltung für Ländliche Entwicklung. 2016 wurden der Steinwald und das Stiftland als Pilotgebiet auserkoren. Das Netzwerk wächst seitdem bis in den Neustädter Raum und darüber hinaus. In der Nordoberpfalz befinden sich inzwischen zwei HeimatUnternehmer-Nester: HU Steinwald+, betreut von Cornelia Müller, und HU Goldene Straße, betreut von Alfred Wolf. Sie begleiten die HeimatUnternehmerInnen bei ihrem Vorhaben.

Folgenden HeimatUnternehmerInnen des Stiftlandes sind in diesem Buch Einzelporträts gewidmet: Grenzlandkäserei (S. 23), Matthias Frank (S. 24), Patricia Destro Gropengießer (S. 27), Die KAFFEEdruckerei (S. 28), Stiftlandgriller e.V. (S. 29), Silvia und Johann Lemberger (S. 47), Kräuter&Leut (S. 62), Marco Eckert (S. 74), Geschichtspark Bärnau-Tachov (S. 150), Susanne Neumann (S. 162), Marco Knott (S. 170), Verein Ackerbürgerhaus Bärnau (S. 174), Jutta Fischer (S. 216).

HeimatUnternehmer zu Gast auf dem Heimatmarkt, der 2023 auf dem malerischen Gelände der Glasschleif, Pullenreuth, stattfand.

Treffpunkt für kreative Köpfe

Häuser haben eine Geschichte, und die Geschichte eines bedeutenden Hauses in Bärnau fängt so an: Das Ackerbürgerhaus ist eines der ältesten Gebäude in Bärnau, dessen Entstehung bis in die Zeit vor der Stadtgründung im Jahr 1343 zurückreicht. Zuletzt stand das Gebäude drei Jahrzehnte lang leer.

Ackerbürgerhaus
Bischof-Senestrey-Straße 2
95671 Bärnau
Tel. 0171 / 1760482
www.ackerbuerger haus-baernau.de
info@ackerbuerger haus-baernau.de

Trotz wiederholter Ansätze war es nicht gelungen, es zu sanieren und einer neuen Nutzung zuzuführen. Zum Glück ist die Geschichte des Ackerbürgerhauses hier nicht zu Ende. Denn 2017 schlug eine Gruppe von Idealisten ein neues Kapitel auf und stellte sich der Herausforderung, das stattliche Haus am Marktplatz zu retten.

Die Zoigl-Stube als Kernidee

Die Suche nach einer geeigneten Zoigl-Stube stand am Anfang des Projektes. Denn die letzte Zoigl-Wirtschaft am Bärnauer Marktplatz war Geschichte und hatte eine bleibende Lücke im Leben der Stadt hinterlassen. Der Verkauf des Ackerbürgerhauses rief die Zoigl-Liebhaber auf den Plan. „Der Grundgedanke war, dass wir einen Verein gründen, das Haus kaufen und herrichten, um selbst brauen zu können", erinnert sich Wolfgang Giehl, Zweiter Vorsitzendes des Vereins Ackerbürgerhaus. Die zentrale Lage am Marktplatz, die Historie, vor allem aber die Tatsache, dass mit dem Haus ein Braurecht verbunden war, ließen das Objekt als prädestiniert erscheinen.
Aus den Gesprächen über die Möglichkeiten, die sich hier eröffneten, wurden weitere Ideen geboren. Das Obergeschoss sollte zu vielseitig nutzbaren Kreativräumen ausgebaut werden, die gut als Startrampe für Gründer dienen können. „Das entkernte Dachgeschoss eignet sich schließlich als Raum für kulturelle Veranstaltungen, Ausstellungen, als Kleinkunstbühne und letztlich auch als saisonaler Ersatz für die nur in der warmen Jahreszeit nutzbare Freilichttribühne", merkt der Projektleiter Edgar Zwerenz an. Erst durch die Kombination dieser unterschiedlichen Verwendungsarten sei ein neuartiges Nutzungskonzept entstanden, das traditionelle mit modernen Lebensformen verbindet und als Treffpunkt für Alt und Jung, Einwohner und Gäste einen wichtigen Beitrag zur Daseinsvorsorge der Stadt Bärnau

Sie bringen neues Leben in ein altes Gemäuer: das Team des Vereins Ackerbürgerhaus Bärnau mit dem Ersten Vorsitzenden Christian Schedl (Zweiter von rechts) und dem Projektleiter Edgar Zwerenz (links).

Gefördert durch:
Bundesministerium für Ernährung und Landwirtschaft
aufgrund eines Beschlusses des Deutschen Bundestages

Allgemein versteht man unter „Ackerbürgern" innerhalb einer Stadt ansässige Bauern mit Bürgerrecht, deren Haupteinnahmequelle in der Regel die Landwirtschaft bildete. Die Häuser dieser bürgerlichen Sondergruppe waren ihren Bedürfnissen angepasst. Charakteristisch sind eine Ein- bzw. Durchfahrt, die zu einem Hinterhof und zu Stallungen führte, wo die Bürger Ziegen, Kühe oder Geflügel für die Selbstversorgung hielten. An diese Nutzgebäude schlossen sich häufig langgezogene Parzellen Obstgärten an. Das vom Verein Ackerbürgerhaus Verein sanierte „Sauserbecken-" oder „Zintlhaus" ist trotz seines langen Leerstands ein gut erhaltenes Beispiel für die Bärnauer Ackerbürgerhäuser, die sich in größerer Zahl im alten Ortskern befinden und das Erscheinungsbild der Stadt prägen.

Das Ackerbürgerhaus (hier ein Baustellenbild aus dem Jahr 2023): ein Domizil für Geselligkeit, Kultur, Veranstaltungen, Arbeiten.

leiste, so Zwerenz. „Neuartig ist auch der Weg der Umsetzung. Die Unterstützung durch die Initiative Heimatunternehmen konnte nicht nur den Zugang zu Fördermaßnahmen ebnen. Die im Netzwerk vorhandenen Erfahrungen waren auch hilfreich bei der Konzipierung des Vorhabens und nicht zuletzt bei der Nutzung einer neuen Finanzierungform. Als erster Verein in Bayern wählte der Ackerbürgerhaus Bärnau e.V. eine Finanzierung über die Emission von Genussrechten."

Das Großprojekt ruht noch auf einer weiteren Schulter: 2019 erwarb die Stadt Bärnau 50 Prozent der Immobilie und trat mit einer Tochtergesellschaft, der Stadt Bärnau Kommunal GmbH, in die Bauherrengemeinschaft ein. 2020 erhielt das Projekt die Baugenehmigung. Die Eröffnung ist für 2024 vorgesehen.

Die Arbeiten des Vereins rund um das Projekt sind umfangreich: Bier brauen, eine Wirtschaft betreiben, Veranstaltungen und Ausstellungen organisieren, Co-Working-Plätze bereitstellen etc. Was ist das verbindende Element? Was den Verein angeht, ganz klar Geselligkeit. „Wir sind ein gemütlicher Haufen", sagt der Erste Vorsitzende Christian Schedl und fügt hinzu: „Wir sind offen für alle, egal, ob jemand in Ruhe ein Bier trinken möchte, unsere Kulturbühne besucht oder den Ideen-Stammtisch, ob man Mitglied im Verein ist oder nicht." Kreative Köpfe sind stets willkommen. Und die Umsetzung von Ideen gelingt in einer kleinen Gemeinde oft viel besser als in einer großen Stadt. Das Ackerbürgerhaus beweist es.

„Es liegen keine böhmischen Dörfer hinter den böhmischen Wäldern..., es sind ähnliche Dörfer, mit ähnlichen Kirchen und Landschaften. Es gibt keine tiefgründigen Unterschiede zwischen unserer Region und der böhmischen.“

Ferdinand Seibt, deutscher Historiker, 1980

Ganz nah

Verbindungen zwischen Westböhmen und dem Stiftland

von Rainer Christoph

Seit 1000 Jahren benachbart, seit 700 Jahren konfrontiert: In Böhmen und Mähren lebende Völker haben viel voneinander angenommen, aber auch immer wieder gelernt, sich als Gegenpole zu sehen. Diese Rivalität ist viel älter als der moderne Nationalismus. Sprache und Recht trennten schon zur alten Zeit beide Gruppen.

Die Welt hat nach 1989 eine völlig überraschende Wende erlebt. Eine gemeinsame Geschichte muss sich erst langsam wieder entwickeln, da viel Wissen um die gemeinsame Vergangenheit verschüttet ist. Aus bayerischer Sicht ist der Nachbar Tschechische Republik nicht mehr nur geographisch, sondern auch kulturell näher gerückt. Für die Oberpfalz betrifft das in erster Linie den westböhmischen Kreis, der vor der Haustür des Stiftlandes liegt. Jahrhundertelang gehörte Böhmen zum Habsburgerreich. So gesehen gab es stets enge Verbindungen zur deutschen Kultur und auch umgekehrt zur tschechischen.

Bei genauerer Betrachtung stoßen wir auf vielfältige Gemeinsamkeiten: Volkskundler fanden heraus, dass Grundrisse und Häuserfassaden der räumlichen Nachbarschaft enger verbunden sind als die der nationalen Zugehörigkeit. Zum gemeinsamen Erfahrungsschatz zählen auch Sagen und Märchen, in deren Motiven mehr Begegnungen zwischen den Nachbarn sichtbar werden, als es die nationalen Sprachgrenzen vermuten lassen.

Ähnliches sehen wir in der böhmischen Speisekarte. Der böhmische Karpfen ist berühmt wie der aus dem Stiftland. Und Svíčková svíčková na smetaně, Lendenbraten auf Sahne, ist eines der bekanntesten tschechischen Landesgerichte. Es wird mit einer sämigen Sauce gereicht, mit passiertem Gemüse angereichert und mit Preiselbeeren, Zitrone und Böhmischen Knödeln serviert. Bratengerichte mit Knödeln und gehaltvollen Saucen verbinden Küchenklassiker hüben und drüben.

Fernab der Politik gab es vielfältige Formen der Sympathie. Tausenderlei Begegnungen im Alltag, Fertigkeiten, Gewohnheiten verbanden die Nachbarn. Nicht wenige Menschen waren sprachlich in beiden Kulturen zu Hause. Im Tschechischen gibt es unzählige Lehnwörter, die aus dem Deutschen stammen. Ihre Schreibweise wurde oft an das Tschechische angepasst, aber anhand der Aussprache erkennt man sofort ihren deutschen Ursprung: das Ziel – cíl [ziel], die Brille – brýle [brielä], die

Tasche – taška [taschka], der Schal – šála [schahla]. Sehr viele Lehnwörter finden sich auch in der Gastronomie: die Nudel – nudle [nuddlä], der Kaffee – káva [kahwa], der Knödel – knedlík [kneddliek].

Essen, Getränke, Literatur, Architektur, Musik, Kunst und Geschichte, kurzum der gesamte Lebensstil, bietet interessante Ansätze zur genaueren Erforschung von Gemeinsamkeiten und Unterschieden. Das hat bereits geholfen, einander näher zu kommen und Berührungsängste aus wechselseitig zugefügtem Leid zu überwinden. Das zeigen die Aktivitäten des ehemaligen Schulleiters Günter Juba in Waldsassen mit seinem deutsch-tschechischen Stammtisch, des Vereins Via Carolina – Goldene Straße in Bärnau und der Partnerschulen im Landkreis Tirschenreuth und dem Egerland. Die nachfolgenden Berichte sollen dazu beitragen.

1

Grenzüberschreitende Wanderung über Paulusbrunn

Mit der Sanierung der klassizistischen Böttgersäule, von den Paulusbrunnern „Noatstoa" genannt, konnte im Mittelpunkt des ehemaligen Dorfes Paulusbrunn 2017/18 mit Hilfe der Bürgermeisterin von Obora, Dana Lesak-Mueller, ein historisches Erbe gerettet werden. Der Standort der Säule auf einer Höhe von 756 Metern ist der höchste Punkt an der 300 Kilometer langen Strecke der Goldenen Straße zwischen Nürnberg und Prag und liegt genau in der Mitte der beiden Städte.
Nach der Sanierung bildete sich eine Arbeitsgruppe Paulusbrunn im Verein „Via Carolina – Goldene Strasse. Ihr Ziel: den verschwundenen Ort im Rahmen eines historischen Pfads entlang des Böttgerweges zu neuem Leben zu erwecken. Dieser orientiert sich an bereits vorhandenen Wegen mit einer Gesamtlänge von etwa 16 Kilometern.
Im Böhmischen Wald (Cesky les), der auf bayerischer Seite Oberpfälzer Wald heißt, lag bis 1945 die Streusiedlung Paulusbrunn. Bereits vor 650 Jahren führte die Goldene Straße Kaiser Karl IV. von Prag nach Nürnberg durch den Ort von Bärnau nach Tachov (Tachau). Auf einer Länge von zehn Kilometern entstanden nach 1680 sieben einzelne Ansiedlungen, die zum Gemeindegebiet und der Pfarrei Paulusbrunn gehörten. Die Bevölkerung mit rund 1500 Einwohnern war fast zu 100 Prozent deutschstämmig. Durch die Siedlung führte von Nord nach Süd der sogenannte „Böttgerweg". Der Name ist

Oben: Die Böttgersäule stand im Mittelpunkt des 1500 Einwohner zählenden Ortes Paulusbrunn.
Unten: Das Schulhaus am Böttgerweg im Ortsteil Vorderpaulusbrunn, 1915 vollendet, gehörte zu den schönsten Schulhäusern im damaligen Kreis Tachau.

Grenzübergang für Wanderer im Ort Hermannsreuth, einst verbunden mit dem Paulusbrunner Ortsteil Hermannsreith. In der Hoflehenstafel des Königreichs Böhmen von 1455 lautete der Eintrag: „Hermersreut villa deserta". 1713 gab es nur fünf Anwesen, 1930 23 Häuser mit 123 Einwohnern.

verbunden mit der klassizistischen Böttgersäule. Benannt wurde diese zu Ehren für Dr. Josef Carl Böttger, Bezirksobmann in Tachau, später Zentraldirektor des Fürsten Alfred III. zu Windisch-Graetz in Wien. Hier befand sich nach Aussagen ehemaliger Paulusbrunner „unser Plärrer", ein Treffpunkt, benannt nach dem Plärrer in Nürnberg.
Entsetzlich waren die menschlichen Schicksale, die sich hier im Rahmen der Vertreibung abspielten. Hinzu kamen am Rande des Weges Todesmärsche von KZ-Häftlingen von und nach Flossenbürg. Nach der tschechischen Sperrgebietsverkündung 1945 wurden in den Jahren bis 1970 alle von deutscher Seite einsehbaren Orte geschliffen, Häuser, Schulen und Kirchen dem Erdboden gleich gemacht. Heute bedecken Moos und Strauchwerk die Überreste, viele Keller und Brunnen sind aber noch versteckt erhalten. Die Natur hat sich einen Großteil zurückgeholt.

Wanderweg am Grünen Band Europas

Über 20 zweisprachige Info Tafeln bereichern den Weg mit Bildern und knappen Texten. Die Infotafeln werben gleichzeitig um Verständnis. Die Erarbeitung der Tafelinhalte erfolgte mit noch lebenden Zeitzeugen auf beiden Seiten der Grenze. Gleichzeitig wird dokumentiert, dass die gemeinsame Geschichte von Deutschen und Tschechen durch den Bazillus Nationalismus 1945 ein brutales Ende fand. Hier zeigen sich Parallelen zum Krieg in der Ukraine.
Die komplett ausgeschilderte Wanderung zwischen zwei Ländern führt entlang der böhmisch-bayerischen Grenze auf dem Böttger-Panorama-Rundweg auf tschechischer und deutscher Seite. Bemerkenswert ist die Natur im ehemaligen Grenzraum. Der Südteil der Route liegt im Naturpark Nördlicher Oberpfälzer Wald. Info-Tafeln auf der deutschen Seite erläutern diverse Naturinformationen. Der historische Weg ist zudem eingebunden in das Grüne Band des ehemaligen Grenzstreifens, der von der Ostsee über den Thüringer Wald zum Vogtland und weiter an der bayerisch-böhmischen Grenze verläuft. Während des Kalten Krieges fanden entlang dieses Grenzgürtels zahlreiche Tier- und Pflanzenarten einen Rückzugsraum. Genauere Daten finden sich im Geschichtspark Bärnau. Für eine vertiefte Aussöhnung setzt sich die im Geschichtspark ansässige AG Paulusbrunn des Verein Via Carolina – Goldene Straße ein. Eine zweisprachige Broschüre ist kostenlos im Geschichtspark zu erhalten. Von hier bis zur Säule sind es nur wenige Kilometer.

2

Grenzüberschreitendes Badewesen

Die Wunder der Heilquellen in den tschechischen Kurbädern haben Dichter aller Jahrhunderte gepriesen. Hier gab sich alle Welt ein Rendezvous. „Man könnte hundert Meilen reisen und würde nicht so viele Menschen und so nahe sehen!", rief Goethe aus.

Ein tschechisches Sprichwort sagt: „Zum Kuren gehe nach Karlsbad, zum Flanieren nach Marienbad und zum Erholen nach Franzensbad." Und wie ist das nun mit Sibyllenbad in Neualbenreuth, dem einzigen Kurbad in der Oberpfalz? Eines ist sicher und wissenschaftlich erwiesen: Die Wasserqualität aller vier Bäder ist hervorragend, das Sibyllenbad verfügt über zwei hochwirksame Heilquellen. Somit können wir im Prinzip nicht mehr nur von einem Bäderdreieck, sondern durchaus von einer Böhmisch-Bayerischen Bäderlandschaft sprechen. Schließlich gehörte Neualbenreuth von 1591 bis zum Wiener Vertrag im Juni 1862 rund 270 Jahre im Wechsel zum Egerland. Zu dieser Bäderlandschaft gehört zweifellos auch Bad Alexandersbad im benachbarten Fichtelgebirge. Das Heilbad wurde im 19. Jahrhundert von vielen Kurgästen zur sogenannten Nach-Kur genutzt, um sich von den Strapazen des Kurlebens in Böhmen zu erholen, das aus Trinkkuren und allerlei gesellschaftlichen Verpflichtungen bestand. Heute ist Bad Alexandersbad ein innovatives Präventions-Heilbad und ein Zentrum der Osteopathie in Deutschland.

Stelldichein in Karlsbad

Von Waldsassen aus ist das weltberühmte Karlsbad eine gute Autostunde entfernt. Die Geschichte des Kurbades beginnt mit Kaiser Karl IV. Seinem verehrten Vorbild Karl dem Großen folgend ging er als Entdecker der Thermen von Karlsbad in die Geschichte ein. In

Im August 1793 erfolgte die Gründungsweihe des Kurortes „Kaiser Franzensbad", benannt nach dem Monarchen, der soeben seine Herrschaft angetreten hatte und als „der gute Kaiser Franz" in die österreichische Geschichte eingehen sollte, auch der Brunnen trug fortan seinen Namen.

den folgenden Jahrhunderten priesen Dichter den Ort in höchsten Tönen, dabei stach besonders Johann Wolfgang von Goethe hervor. Bis zum Beginn des 16. Jahrhunderts wurden nur Badekuren verordnet, dann verschrieben die Kurärzte auch Trinkkuren. Die gallenleidende Philippine Welser, Gemahlin des Erzherzogs Ferdinand, musste bis zu sechs Stunden am Tag im warmen Wasser aushalten und dabei acht Seidel Sprudel zu sich nehmen.
Hier gaben sich die Großen der Welt ein Stelldichein: Kaiser, Zaren, Wissenschaftler und Erfinder spazierten durch den mondänen Kurort. Wunderschön schlängeln sich die historischen Prachtbauten und Kolonnaden am Fluss Tepla entlang. Zu den Highlights zählen die 15 verschieden heißen Thermalquellen, eine Fahrt mit der Standseilbahn zum 556 Meter hohen Aussichtsturm Diana, ein Besuch der Firma Becherovka und des naheliegenden Mattoni Mineralwasser-Museums in Kyselka.

Marienbad zum Flanieren

Der Kurort Marienbad liegt in einem geschützten Tal zwischen dem Kaiserwald und dem Tepler Gebirgszug im Osten. 40 Heilquellen und weitere 100 Quellen in der Umgebung sichern bis heute den Kurbetrieb. Eng verbunden ist der Kurort mit dem 18 Kilometer entfernten Prämonstratenser-Kloster Tepla / Tepl und den dortigen Äbten, besonders jedoch um den dort, 1822 waltenden Abt Karl Prokob Reitenberger, den Goethe als „Hausherren von Marienbad" bezeichnete. Dem weitsichtigen Abt und seinem im Kloster praktizierenden Arzt Johann Nehr ist die Entstehung des Bades letztlich zu verdanken. Wer Marienbad besucht, sollte den Abstecher zum spätbarocken Kloster Tepl nicht versäumen.

Gehen wir 200 Jahre zurück, so offenbarte sich das quellenreiche Tal des heutigen Kurbades als ein wüstes und abstoßendes, mit Sümpfen bedecktes Gelände. Hier stand lediglich eine schiefe einsturzgefährdete Hütte am Kreuzbrunnen, aus dem Glaubersalz gewonnen wurde. Neben den sogenannten Glaubersalz-Mineralwasserquellen gibt es auch einfache Säuerlinge mit einem hohen Eisenanteil. Die Unterschiede zwischen den Mineralwasserquellen sind weltweit einmalig. Den Erbauern des Kurortes gelang es meisterhaft, die Straßen, Parks und Plätze so anzuordnen, dass sie mit den Landschaftsszenerien des Kaiserwaldes ein Gesamtkunstwerk bilden. Kein Wunder, dass sich hier im 19. und 20. Jahrhundert ebenfalls die Hautevolee des Adels und der höheren Gesellschaften einfand, als prominentester unter ihnen Goethe, der aufgrund einer enttäuschten Liebe die schmerzlich-schöne Marienbader Elegie verfasste. Das historische Flair ist heute noch allgegenwärtig und am besten bei einer Wanderung durch die stadtnahen

Parkanlagen rund um Marienbad zu erleben.

Franzensbad zum Erholen

Das Badestädtchen liegt in einem ehemaligen Moorgebiet rund sechs Kilometer entfernt von der alten Kaiserstadt Eger. Namenspatron des kleinen anmutigen Kurbades an den Ausläufern des Erzgebirges war Kaiser Franz II. 1793 erfolgte die Eröffnung. Auch die wichtigste Heilquelle trägt den Namen des österreichischen Kaisers, der als „guter Kaiser" in die Geschichte der Habsburger Monarchie einging. Bestechend im Zentrum des Ortes ist die Farbgebung der klassizistischen Gebäude im „Habsburger-Gelb" und weißem Stuck, typisch für das 19. Jahrhundert. Beeindruckend sind auch die weitläufigen Parkanlagen. Das lockte viel Prominenz von internationalem Rang an. Durch die ungewöhnlichen Erfolge der Moorbäder bei diversen Frauenkrankheiten erhielt Franzensbad bald den Ruf eines „Frauen-Kurortes". Marie von Ebner-Eschenbach beschreibt süffisant das Badegeschehen mit folgenden Worten: „Die Frauen selbst spielen aber nicht die Hauptrolle, diese übernimmt ihre Garderobe. Das eleganteste Negligé zieht des Morgens im Brunnen die meisten Blicke auf sich, das geschmackvollste Kleid trägt nachmittags den Sieg davon, was darin steckt – ob ein wattiertes Gerippe oder ein formloser Koloß –, ist ziemlich gleichgültig. Hier führen ja die Damen den Vorsitz im Gericht über die Schönheit."

Bad Neualbenreuth zum Testen

Den Oberpfälzer Namen „Neialwaraad" im örtlichen Dialekt richtig auszusprechen dürfte wohl nur wenigen gelingen. Am Rand des kleinen Ortes befindet sich das einzige Kurbad im Regierungsbezirk Oberpfalz. Die Entstehung des Ortes im 13. Jahrhundert geht auf eine Leuchtenberger Schenkung an das Kloster Waldsassen zurück; 1360 erscheint erstmals der Name „zu Newen Albernreut".
Im Jahr 1689 wurde der erste Säuerling in der Gegend zwischen Altalbenreuth (tschechisch Mytina) und Neualbenreuth in einem Brunnen gefasst. Von dieser Quelle berichtete auch schon

Erfrischung am Trinkbrunnen – das Sybillenbad zeichnet sich im Unterschied zu den klassischen Bädern in Böhmen als naturnahes Bad aus.

Johann Wolfgang von Goethe. Bei seinen Kuren in den benachbarten böhmischen Bädern unternahm er Exkursionen, die durch die vom Vulkanismus geprägte Landschaft des Stiftlandes führten. Dann war jahrhundertelang Ruhe. Die ersten Versuche, ein Bad einzurichten, erfolgten in die Jahren 1965 bis 1973, sie waren jedoch zum Scheitern verdammt. Private Investoren, vor allem aus dem Landkreis, planten und begannen den ersten Bau des Sibyllenbads. Die Ruinen stehen nach wie vor im Wald unterhalb des heutigen Baus.
Ein Neustart erfolgte 1989 im Rahmen eines Pilotprojektes „Badehaus Maiersreuth". 1996 wurde das Kurmittelhaus Sibyllenbad eröffnet. 2019 ist das angestrebte Ziel erreicht: Neualbenreuth wird Heilbad und trägt ab sofort den Namen Bad Neualbenreuth. Nun kann das Sibyllenbad seine Heilquellen vermarkten. Dazu zählen die radonhaltige Katharinenquelle und die kohlesäure-mineralhaltige Sibyllenquelle, die bei Erkrankungen des Bewegungsapparates, bei Herz-Kreislauf-Erkrankungen und psychovegetativen Erschöpfungszuständen angewandt werden. Ein großes Plus ist die Energieversorgung, die kein Gas benötigt. Seit 1996 kommt die Wärme für das Heilbad aus einem Biomasse-Heizwerk, „die Rohstoffe dafür liegen vor der Haustür", so Bezirkstagspräsident Franz Löffler bei der Verbandstagung 2022.

3

Die Frais oder Fraisch

Rund um Neualbenreuth gab es jahrhundertelang eine kulturgeschichtliche Besonderheit, das Fraisch- oder Fraisgebiet. Die betroffenen Ortschaften waren den beiden reichsunmittelbaren Territorien des Stifts Waldsassen und der Stadt Eger zugehörig. Wirtschaftlich galt das Gebiet als Freihandelszone.

Zur Geschichte des Ortes Bad Neualbenreuth gesellt sich ein Kuriosum, das in der Regel nur Einheimischen bekannt sein dürfte und im deutsch-böhmischen Grenzraum ein Kuriosum darstellt: Es handelt sich um das sogenannte Frais- oder Fraischgebiet in und um Neualbenreuth. Der Tirschenreuther Sprachwissenschaftler Andreas Schmeller verbindet das althochdeutsche Wort mit Gericht und Gerichtbarkeit. Der ehemalige Lehrer Meinhard Köstler aus Bad Neualbenreuth und sein Sohn Gregor gelten als die Experten zur Historie des Fraischgebiets.

Ursprünglich war das Egerland ein einheitliches Gebiet, zerfiel aber nach Auflösung des Nordgaus in zwei verschiedene Interessen- und Einflussgebiete: das Stiftland und das Egerland. Jeder dieser beiden Herrschaftsbereiche besaß und erwarb im Gebiet des Anderen Besitzungen und wurde so zugleich zum Rivalen des Nachbarn. Mit der Zeit entstand im gesamten Gebiet ein Wirrwarr von sich überschneidenden Rechtsverhältnissen und Besitzungen. Beispielsweise besaß die Stadt Eger in Neualbenreuth 49 Häuser, während die Einwohner von 62 Häusern dem Stift Waldsassen untertan waren.

Zum Fraisgebiet gehörten nach dem Egerer Landsteuerbuch von 1395 und dem waldsassischen Salbuch vom Ende des 14. Jahrhunderts die „gemengten Ortschaften" Neualbenreuth, Altalbenreuth, Gosel und Querenbach, des Weiteren die „ungemengten Orte" Hardeck, Schachten, Boden, Alt-Mugl, Maiersreuth, Schönlind, Ottengrün und Hatzenreuth.

Was heißt nun gemengt und ungemengt? In den oben erwähnten Ortschaften lebten Menschen, die staatsrechtlich entweder Untertanen des Reichslandes Eger oder des Stifts Waldsassen waren. Als Rechtsnachfolger dieser Gebiete kamen später das Königreich Böhmen in der österreichisch-ungarischen Monarchie, aber auch das Königreich Bayern in Betracht. In den ungemengten Ortschaften lebten ausschließlich Untertanen eines der beiden Gebiete.

Streitigkeiten und ein Mordfall

Im 13. Jahrhundert findet man rund um Neualbenreuth drei Besitzergruppen der Reichslehen: erstens das Kloster Waldsassen, zweitens Stadt und Land Eger, drittens verschiedene Bürger von Eger. Keinem war es möglich, ein geschlossenes Gebiet zu besitzen. Da

Die Kaiserburg in Eger mit dem markanten schwarzen Turm. Der Gedenkstein vor der Brücke erinnert an das böhmische Herrschergeschlecht der Přemysliden. Die freie Reichsstadt war jahrhundertelang auch für den Fraischbezirk (unten) zuständig.

wurde um Grenzen, Wegerechte, Steuern und Abgaben, Frondienste, Handel, Jagd und Fischerei, Miliz, Soldaten, Braurechte und Gerichtsbarkeit gestritten. Ständig kochten Konflikte hoch, sogar der Kaiser in Wien wurde eingeschaltet. Der Höhepunkt des Zankes eskalierte 1589 mit einem Mord an einem Egerer Handwerker. Es herrschte Unklarheit und Verwirrung, wer denn nun die Gerichtshoheit habe und zuständig sei. Lange Verhandlungen endeten 1591 in einem Rezess. Als Ergebnis wurden ein kurpfälzisch-egerisches Mischgebiet mit jährlich wechselnder Landeshoheit festgelegt. Zur Wechselfraisch gehörten nur vier Orte: Neualbenreuth, Altalbenreuth (heute Mytina), Gosel (heute Kozly) und Querenbach sowie die fünf stiftländischen Orte Hardeck, Schachten, Boden, Mugl und Maiersreuth. Der am 29.07.1591 in Neualbenreuth, dem Zentrum der Fraisch, verkündete Beschluss wurde in den nächsten 271 Jahren stets am Marktplatz von Neualbenreuth aufs Neue verlesen. Hier erfuhren die Bewohner, wer im nächsten Jahr die Landeshoheit innehatte. Für die Bevölkerung hieß es: Geld wechseln, Fahnen tauschen, Kalender ändern und die Gesinnung auf den jeweiligen Herren einstellen. Ausnahmen bildeten das Gotteshaus und der Pfarrherr von Neualbenreuth, ebenso das der Stadt Eger zugeordnete, heutige Rathaus in Neualbenreuth. Sie unterstanden immer der Stadt Eger. Das Kloster hatte sich indes die Burg in Hardeck ausgenommen, weil dort der Sitz des Klostergerichtes war. Das eigentlich als Provisorium gedachte Fraischgebiet behielt mehr als zweieinhalb Jahrhunderte seine Gültigkeit, bis Neualbenreuth am 24. Juni 1862 durch den Wiener Staatsvertrag endgültig der bayerischen Krone zugeschlagen wurde. Damit endete offiziell die „Fraischausgleichung“ und Aufhebung dieses alten Rechtszustandes. Heute ist die Fraisch mit dem Hauptort Neualbenreuth geprägt von Zeugen der wechselnden Herrschaftsbereiche wie dem Kurwald bei Neualbenreuth, der im Besitz der Stadt Eger ist, Egerländer Fachwerkbauten, den katholischen Kirchen in Neualbenreuth und Ottengrün, dem Schloss Hardeck und dem Egerländer Dialekt, der hier gesprochen wird.

Quellen: Meinhard Köstler, Beitrag zur Fraisch in: Heimat Landkreis Tirschenreuth, Band 3, 1991. Susanne Dell, Unterwegs in der Euregio Egrensis: Bad Neualbenreuth und Nördliche Oberpfalz, 2020.

Hier steckt Erholung drin – Zu Gast im Sibyllenbad

Die Entspannung beginnt mit der Anreise. Je mehr sich die Gäste dem Ziel nähern, desto wohltuender wirkt die Umgebung. Das Sibyllenbad hat sich 1996 inmitten schönster Natur, mitten auf der grünen Wiese, im bayerisch-böhmischen Bäderdreieck in der nordöstlichen Oberpfalz niedergelassen, nicht weit von den berühmten Kurorten Karlsbad, Marienbad und Franzensbad entfernt.

Der Größenunterschied zwischen den Orten ist geblieben – auf der tschechischen Seite die mondänen Kurstädte mit unzähligen Gästen aus nah und fern, auf der Oberpfälzer Seite das jüngste Heilbad Bayerns mit der 1300 Einwohner zählenden Gemeinde Bad Neualbenreuth. Mehrtagesbesucher zieht sicher auch die idyllische Lage an. Der Erholungswert ist dank der Freizeitangebote enorm: Wandern, Radeln, Golfen, Minigolfen, Tennisspielen, Skilanglauf oder geführte Wanderungen und Ausflüge zu reizvollen Zielen rund um Bad Neualbenreuth – für solche Aktivitäten ist man hier genau richtig.
Vor allem ist es jedoch das Kurzentrum selbst, das mit einem umfangreichen Angebot rund um Gesundheit, Hautpflege und Entspannung besticht, ob Schmerzlinderung durch die einzigartigen Radon-Kohlensäure-Kombinationsbäder, Bewegungsverbesserung durch Physiotherapie und Bewegungstherapie auch im Heilwasser, Prävention oder beim Eintauchen in die Badelandschaft und in den großzügigen Wellnessbereich. Das betonen auch die Gäste bei ihren Bewertungen im Internet. Viele loben die angenehme Atmosphäre – keine Überfüllung, die Freundlichkeit des Personals, die hochwertige Ausstattung innen und außen – und schätzen die moderaten Preise, die der kommunale Zweckverband Sibyllenbad als Träger eingeführt hat.
Keine Frage: Das Sibyllenbad kann unter den bayerischen Bädern als Geheimtipp gelten. Auf den drei folgenden Seiten stellen wir Schwerpunkte aus dem umfangreichen Angebot vor.

Heilquellenkurbetrieb Sibyllenbad
Kurallee 1
95698 Bad Neualbenreuth
Tel. 09638 / 933-0
www.sibyllenbad.de
info@sibyllenbad.de

Platz zum Entspannen – Die großzügige Wellnesslandschaft bietet viele kleine Ruhebereiche. So findet jeder Gast Raum für sich. Bei schönem Wetter ist der Saunagarten mit Heilwasser-Whirlpool der beliebteste Ruhebereich.

Einzigartig: Radon-Kohlesäure-Bäder

Seit über 30 Jahren wird die Radontherapie im Sibyllenbad eingesetzt. Sie lindert langanhaltend Schmerzen bei rheumatischen Beschwerden oder Wirbelsäulenerkrankungen. Die 20-minütigen Bäder werden nur nach ärztlicher Verordnung als Serie von mindestens sechs Einheiten abgegeben, in der Regel jeden Tag ein Bad. Während des Bades nimmt der Patient das Edelgas Radon über die Haut und die Lunge auf und gibt es über die Lunge wieder ab. Während dieses so genannten Radontransfers zerfällt ein kleiner Teil des Radons in seine Folgeprodukte. Die dabei freigesetzte Alpha-Strahlung ist verantwortlich für Prozesse auf Zellebene, die Schmerzen lindern, Entzündungen hemmen und das Immunsystem sowie den körpereigenen Reparaturmechanismus positiv beeinflussen.

Einzigartig im Sibyllenbades sind die Radon-Kohlensäure Kombinationsbäder. Im ersten Schritt badet der Patient in Kohlensäure-Mineralheilwasser, das die Durchblutung verbessert, das Herz-Kreislauf-System ausgleicht und die Aufnahmefähigkeit von Radon verstärkt. Die gut verträgliche Therapie ermöglicht es, insbesondere auch Rheumapatienten mit gleichzeitigen Erkrankungen des Herz- und Gefäßsystems sowie Bluthochdruck zu behandeln.

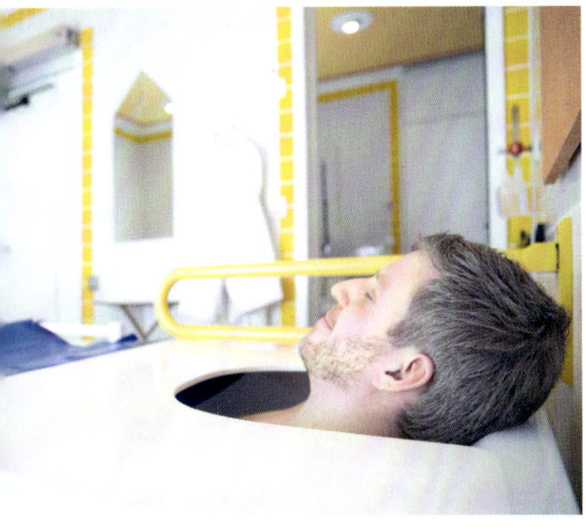

Radon-Kohlensäure-Kombinationsbad

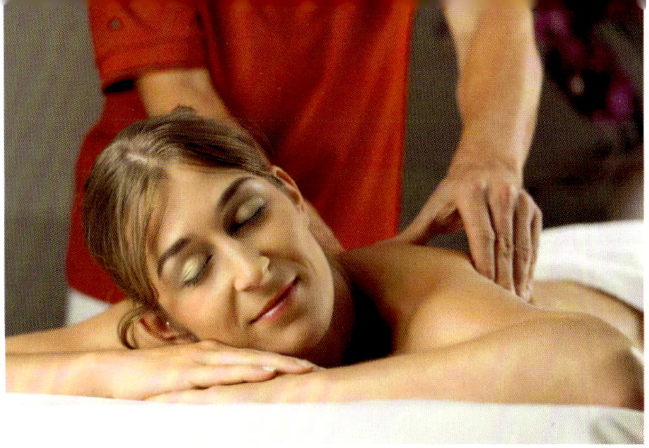

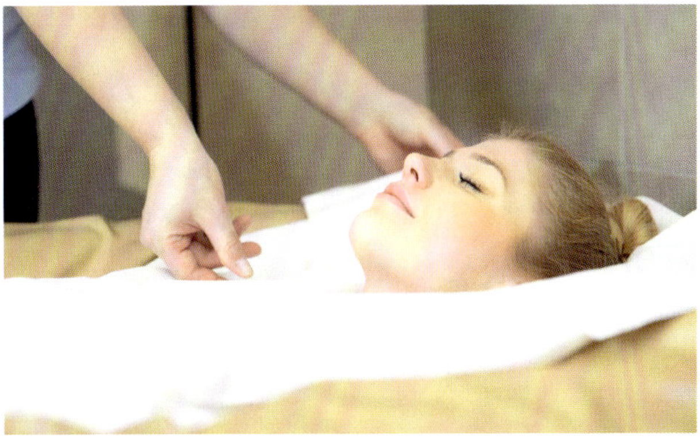

Entspannung plus

Die medizinische Abteilung des Sibyllenbades bietet über therapeutische Wannenbäder hinaus zahlreiche Kurse und Anwendungen zur Gesundheitsprävention an, die von den Krankenkassen bezuschusst werden. Um die Bewegung zu verbessern: u.a. Aqua Fitness im Bewegungsbad, Rückenschule, Wirbelsäulengymnastik, Faszientraining und Gesundheitswandern. Für die Entspannung: progressive Muskelentspannung nach Jacobsen sowie autogenes Training.

Ein frei buchbares Zusatzangebot, das der Tiefenentspannung dient, ist das Naturfango-Bad. Die wohltuende Wärme im angenehm temperierten Wasserbett sowie die Wirkung des Naturfangos aus dem Vulkangestein sorgen für Linderung bei schmerzenden Gelenken und verspannten Muskeln. Die natürliche Kohlensäure des beigefügten Heilwassers verstärkt die Wirkung. Naturfango verbessert zudem das Hautbild, fördert die Stoffwechseltätigkeit der Haut, entfettet und reinigt sie. Weitere Anwendungen wie Physiotherapie, Wärmetherapie und Bewegungstherapie sind im Rahmen einer Badekur oder auf Rezept möglich.

In der Wellnesslandschaft und in der Medizinischen Abteilung können die Gäste Massagen, Therapie-Angebote sowie Naturfango und pflegende Packungen im angenehm warmen Wasserbett buchen.

Kostenfreie Gesundheitskurse in der Badelandschaft

Aquarobic
Mi und Fr 19 Uhr,
Sa 14 und 16 Uhr,
jeden 1. Sonntag
10 Uhr

Wassergymnastik
Mo bis Sa
12 und 15 Uhr,
So und Feiertag
10, 12, 14 und 16 Uhr

Wohltuende Badelandschaft

Im Innenbereich des Bades genießen Gäste die wohltuende Wirkung der Sibyllenquelle in den 34 bis 36° warmen Heilwasser-Becken. Angenehme Wärme erfahren sie auch im irisch-römischen Dampfbad und in der Infrarotkabine. Auf der Galerie stehen zusätzliche Liegeplätze und ein abgeschlossener Ruheraum zur Verfügung, nebenan ein Fitnessraum mit Synchro-Trainingszirkel.
Im Außenbereich können Besucher im 36° C warmen Becken baden oder auch ihre Ausdauer im Gegenstrombecken (27° C) trainieren. Zudem können sie eine Warm- und Kaltwasserlaufbahn mit integriertem Tauchbecken nutzen. Als optimierte Kneipp-Anwendung fördert die Kaltlaufbahn den Blutrückfluss in den Venen. Die Warmlaufbahn erhöht die Sauerstoffversorgung der Muskulatur und fördert somit die Beweglichkeit.
Wohltuend auf die Atemwege wirkt die Verdunstungsgrotte, die ein Naturgemisch aus Heilwasser und Sauerstoff der umgebenden Luft enthält.

Zusatzangebote in der Bade- und Wellnesslandschaft

Die Badelandschaft des Sibyllenbades ist für Gäste ab 10 Jahren geöffnet, die Wellnesslandschaft für alle ab 14 Jahren. Im Wellnessbereich können Gäste Wohlfühlanwendungen (Massagen, Peelings, Pflege-Packungen, einzeln oder als Kombi-Pakete) gegen einen Aufpreis zubuchen. Die medizinische Abteilung bietet weitere Wohlfühlanwendungen an: von Entspannungsmassagen bis zum Kohlensäure-Mineralbad. Gäste können mit einer Tageskarte zwischen den jeweiligen Bereichen hin- und herwechseln. Das Bad hat ein eigenes Restaurant. Ein besonderes Angebot für Geburtstagskinder: Sie erhalten an ihrem Ehrentag (gegen Vorlage des Ausweises) freien Eintritt für die Bade- und Wellnesslandschaft.

Sibyllenbader Wohlfühlmenü und Hotels mit Bademantelgang

Sehr beliebt sind die Genießer-Badetage mit Wohlfühlmenü. Bei diesem Angebot können Gäste ihren Badetag mit einem Menü in einer von 15 Gaststätten krönen, die alle im näheren Umkreis liegen. Pauschalangebote mit Übernachtung runden das Angebot ab. Zwei Hotels liegen in unmittelbarer Nachbarschaft und sind über einen Bademantelgang mit der Therme verbunden. Viele weitere Häuser haben mit dem Sibyllenbad attraktive Kombi-Pakete geschnürt, die Badbesuch, Übernachtung und Halbpension einschließen. Über alle Angebote, Preise und Öffnungszeiten informiert die Webseite.

Ost trifft West: der orientalische BadeTempel

Der orientalische BadeTempel ist das Highlight der Wellnesslandschaft. Er wurde von der türkischen Architektin Nevin Cekirge im Stil eines original türkischen Hamams entworfen. Die orientalische Badezeremonie findet im Kräuterduftraum und in drei Dampfkammern statt. Eine Abkühlung im Tauchbecken und eine Ruhepause in der maurischen Entspannungsoase bilden den Abschluss. Die Zeremonie dient der Hautpflege und stärkt das Immunsystem. Die Badezeremonie ist im Wellness-Eintritt inklusive und kann optimal als Einstieg für einen Sauna- bzw. Wellnesstag genutzt werden. Zusätzlich bietet das Sibyllenbad hier spezielle Massagen auf warmem Marmorstein an. Des Weiteren: hautpflegende Wohlfühlanwendungen, die Gäste im wärmenden Wasserbett genießen können. Je nach Hauttyp können sie wählen zwischen einer Cleopatra-Packung für trockene Haut, einer Ziegenbuttercreme-Packung für Reizlinderung sowie der rückfettenden Nachtkerzenöl-Packung für mehr Hautelastizität.

Der Saunabereich - Schöner schwitzen

Auf zwei Etagen verteilt laden acht unterschiedliche Saunen zum gesunden Schwitzen ein. Der Wechsel zwischen wohltuender Hitze, Abkühlung und Ausruhen unterstützt die Abhärtung gegen Erkältungskrankheiten, stärkt das Immunsystem und verlangsamt die Hautalterung. Bei schönem Wetter lockt der Saunagarten mit Heilwasser-Whirlpool und Liegewiese ins Freie.

Bei frostigen Temperaturen sind das Kaminzimmer oder der Ruheraum mit Wasserbetten beliebt. Ein sinnliches Erlebnis ist auch der Brotbackraum. Kühle Getränke, Snacks, Kaffee und Kuchen gibt es im Teehaus oder auf der Terrasse. Auch ein Saunabesuch ist wie ein kleiner Urlaub zwischendurch.

Radfahren wird im Stiftland zum besonderen Vergnügen – sowohl auf befestigten Wegen als auch abseits konventioneller Routen.

Hier rollt's

Radlregion Stiftland

von Paul Zrenner

Ehrliche Anerkennung von Gästen ist für Touristik-Fachleute das größte Lob. „Eines muss man euch lassen: Ihr habt ein super Radwege-Netz“, erinnert sich Peter Knott noch gut an die Worte eines Urlaubers. Mit ihm war der frühere Tourismus-Referent am Landratsamt Tirschenreuth zufällig am Marktplatz der Kreisstadt ins Gespräch gekommen. Mit Peter Knott, der seit 2016 seinen Ruhestand genießt, ist die Entwicklung des Radwegenetzes untrennbar verbunden. Denn anders als bei den Nachbarn in Tschechien suchten Freizeitsportler im Stiftland lange Zeit vergebens ausgewiesene Radwege.

„Wir haben versucht, mit geringsten Mitteln etwas zu erreichen“, erinnert sich Peter Knott an die Anfänge. Eher unkonventionell war der Start zu Beginn der 1990er Jahre: Die Knopfindustrie in Bärnau hatte die Kunststoffplatten für die Schilder geliefert, darauf kamen gelbe Aufkleber. „Wir haben dann 15 Radwege entwickelt.“ Im „Radlandkreis Tirschenreuth“ kreierte Peter Knott nach und nach Themenradwege, schob die Veröffentlichung von Radwege-Karten an. Sicher zu den Zielen geführt werden Radfahrer mit den bekannten Wegweisern mit grüner Schrift auf weißem Untergrund, flächendeckend im Landkreis Tirschenreuth sowie in den Landkreisen Neustadt/Waldnaab und Schwandorf.

„Das war meine letzte Aktion“, erinnert sich Knott an eine Strecke, die die annähernd 200 vulkanischen Vorkommen im Landkreis würdigt. Anlass war die Entdeckung des Maars bei Bad Neualbenreuth, ein Beleg für den jüngsten Vulkanausbruch Bayerns. Die

Tour unter dem Motto „Vulkane und Erdgeschichte" ist 112 Kilometer lang und gehört zur großen Radrunde „Oberpfälzer Radlwelt" durch den Oberpfälzer Wald. Ein geologisches Projekt war der Egergraben-Radweg mit anspruchsvollen knapp 800 Höhenmetern. „Der ist den Leuten ganz schön in die Füße gegangen." Inzwischen sei dies aber weniger problematisch. Immer mehr Leute sind auf Rädern mit Motor unterwegs.

Hersteller, Themenwege, Transportdienste

„Die beiden Hersteller im Landkreis haben die Entwicklung der Region als Radfahrer-Paradies beflügelt", ist Peter Knott überzeugt: Weil die Firmen Cube und Ghost ihre Standorte im Landkreis Tirschenreuth haben, lassen sich Stiftländer mehr für den Radsport begeistern als andernorts. Dies trug auch zum Ausbau der Rad-Infrastruktur bei. Linienbusse mit Rad-Anhänger verbinden von Tirschenreuth aus Städte und Gemeinden im Landkreis: In die westliche Richtung fährt der Naabtal-Express, in die östliche der Grenzland-Express.

Wer weiß, ob es ohne die Entwicklung in der Vergangenheit den rund 30 Kilometer langen Vizinalbahn-Radweg gäbe: Er verläuft auf einer ehemaligen Bahnstrecke, auf Forst- und Wirtschaftswegen sowie auf Nebenstraßen von Wiesau nach Bärnau. Die Strecke ist fast durchgehend asphaltiert und gespickt mit touristischen Höhepunkten.

Überwiegend Produkte der beiden regionalen Fahrradhersteller sind auf den Radwegen im Landkreis unterwegs. Mittlerweile rund 1000 Kilometer dürfte das Streckennetz umfassen, erklärt Knotts Nachfolgerin im Tourismusreferat am Tirschenreuther Landratsamt, Stephanie Wenisch. Auf den Strecken können Genuss-Radler und ambitionierte Hobby-Radsportler Glücksmomente einfangen – den „Wind in den Haaren und die Sonne im Gesicht", wie es in der Werbung des Tourismusverbandes Ostbayern heißt.

Auf zwei Rädern über Steine und Wurzelwerk durch den Wald – und das alles ganz legal.

Dass die beiden Radhersteller im Landkreis Tirschenreuth die Region in vielerlei Hinsicht stärken, davon ist auch Thomas Aigner, Marketing-Leiter bei Cube in Waldershof, überzeugt: „Die jungen Leute würden hier fehlen. Viele bleiben hier, die sonst anderswo wären." Selbst die Kleinsten lassen sich für den Radsport begeistern. Das zeigt etwa der Erfolg des Kindertriathlons in Waldershof, den der ortsansässige Hersteller unterstützt.

Eine Besonderheit für Radsportler gibt es in Waldsassen. Ein Nischenangebot für alle, die gerne abseits befestigter Strecken unterwegs sind. Die sportliche Herausforderung in unberührter Natur mag andernorts für Zündstoff zwischen Radlern und Wanderern sorgen. Doch es geht auch harmonisch. Zu verdanken ist das der vorausschauenden Zusammenarbeit der Planer, sprich der Stadt Waldsassen, dem Forstbetrieb Waldsassen und dem örtlichen Fahrradhersteller Ghost. Rund um die Klosterstadt sind fünf Trails entstanden, mit unterschiedlichen Schwierigkeitsgraden. Zwei Routen sind nur für Profis gedacht und deshalb mit schwarzen Markierungen gekennzeichnet. Die Strecken führen ganz legal durch Wälder. Die Beschilderung ist der von Langlauf-Loipen angelehnt.

Ghost-Mitarbeiter als Trail-Entdecker

Zwei Jahre lang dauerten die Vorbereitungen. Im Frühjahr 2022 wurden die Strecken eröffnet. Benannt sind sie nach ihren Entdeckern. Sie heißen Ronny, Nora und Emil. Dann gibt es noch den Loami-Omi-Trail und den Riot-Trail, der an ein Modell aus der Ghost-Produktpalette erinnert. Schon seit vielen Jahren sind Einheimische in Waldsassen auf zwei Rädern im Wald unterwegs – über Wurzelwerk, Steine und Baumstämme. Fahrradaffine Mitarbeiter im Ghost-Team schätzten früher etwa den „Gollinger-Downhill". So hieß intern eine der Touren durch den Wald zwischen Waldsassen und der Dreifaltigkeitskirche Kappl. „Das war eine schöne Feierabendrunde, eineinhalb Stunden, 15 Kilometer lang", erinnert sich Michael Scharnagl an die Anfänge auf dem Waldlehrpfad. Der Leiter der Service-Abteilung des Fahrradherstellers war an der Umsetzung des Konzepts beteiligt.

Normale Freizeit-Fahrer, sagt Scharnagl über die Zeit Mitte, Ende der 90er Jahre, wären damals kaum auf die Idee gekommen, solche Touren zu unternehmen. „Solche Strecken sind nur die Freaks gefahren." Dazu gehörten auch Uwe Kalliwoda und Klaus Möhwald, die einst Ghost gründeten. Die inzwischen offiziellen Strecken erkundeten vor allem „zugereiste Fahrradfanatiker", erzählt Scharnagl. „Das ist so eine coole Gegend hier", lautete das Urteil der auswärtigen Fahrradsportler – und stellten die entscheidende Frage: „Warum gibt's denn bei euch keine Trails?"

Auch Ronny Seifert und Kai Christian vermissten besondere Herausforderungen im Gelände. „Beide haben dann etwas gefunden, was interessant wäre", erzählt Scharnagl von den zuerst

Michael Scharnagl (links) und Ronny Seifert am Einstieg des Riot-Trails. Der Name wurde von einem Mountain-Bike-Modell (Riot) aus der Ghost-Produktpalette übernommen.

Die sportliche Herausforderung in unberührter Natur kann Zündstoff für Konflikte zwischen Radfahrern und Wanderern liefern. Ein Gemeinschaftsprojekt in Waldsassen zeigt, dass es auch harmonisch geht.

illegal angelegten Strecken: „Sie haben den Parcours ausgesucht, links und rechts lange Äste hingelegt." Dann wurden die Pfade so lange von den Reifen strapaziert, bis die Fahrspuren irgendwann auch ohne die unkonventionellen Wegweiser am Waldboden schon von Weitem sichtbar waren. Zuerst war der „Ronny-Trail" in der Szene bekannt. Auf den Strecken waren nach und nach immer mehr Mountainbikes unterwegs. Der E-Motor ließ auch Freizeitsportler in neue Dimensionen vorstoßen. „Corona hat da einen richtigen Schub gebracht", erinnert sich Scharnagl.

Mundpropaganda und die einschlägigen Webseiten machten die Routen bekannt. Doch unter den Beifall mischten sich auch Beschwerden. Im Nachhinein findet Scharnagl Verständnis dafür. Menschen, die seit Jahren allein zum Wandern und Spazierengehen unterwegs waren, wunderten sich über Radsportler, die mit Helm und in gepolsterter Kleidung die Wanderwege kreuzten. Auch von kontroversen Begegnungen berichtet Scharnagl, außerdem von unschönen Ereignissen. Dazu gehört auch das Nagelbrett, das Unbekannte einst am Ende einer langen Abfahrtsstrecke am Ortsrand Waldsassens quer über die Fahrspur gelegt hatten.

Fünf Trails, ein beispielhaftes Gemeinschaftsprojekt

Es folgte ein erster Gesprächstermin mit Vertretern der Stadt Waldsassen, des Forstbetriebs Waldsassen und der Firma Ghost. Die Beteiligten suchten nach Möglichkeiten, wie alle Ansprüche auf einen Nenner zu bringen wären. Mit bemerkenswertem Elan gingen sie ans Werk. Die Gestaltung der Wegweiser und vor allem die Platzierung der Hinweistafeln sind ein wichtiges Element, damit die Trails funktionieren. Denn Wanderer wollen vor Radfahrern gewarnt sein und umgekehrt. Passieren kann natürlich immer etwas. Extrem gefährliche Stellen aber gibt es bei keinem der Trails. Einen hohen Anteil der Vorbereitung und der Umsetzung erledigten Ghost-Mitarbeiter in Eigeninitiative. Vieles wurde in der Freizeit vorangetrieben, die Firmenleitung unterstützte das Projekt großzügig.

Inzwischen sind die fünf Trails gut frequentiert. Die Strecken werden auf den offiziellen Seiten des Tourismusverbandes Ostbayern und auf der Webseite der

Stadt Waldsassen beworben. Über das Trail-Center in Waldsassen ist auch Ronny Seifert glücklich. „Ohne die Firma Ghost wäre das nicht möglich gewesen." Der Ingenieur in der Entwicklungsabteilung unterstreicht die Vernetzung der Firma zu den späteren Entscheidern. „Das ist beispiellos." Das bestätigten auch Leute, mit denen er geschäftlich zu tun habe.

Auf ehrenamtlicher Basis geregelt ist auch die Pflege der Trails. Dies sei von Anfang an eine Vorgabe gewesen. Wie bei Wanderwegen gibt es Trail-Paten, pro Strecke drei Personen.
„Das ist optimal gelöst", sagt Dietmar Michalski von der Forstbehörde. Vereinzelt gebe es Beschwerden von Spaziergängern wegen der Radfahrer im Wald. „Aber das ist ein Zeichen der Zeit, dass es immer jemanden gibt, dem irgendwas nicht passt."

Gemeinschaftsprojekt zwei: der Bikepark

Wer mag, kann alle fünf Mountainbike-Trails als eine Runde zusammenhängend in einem Stück bewältigen. Den Ausgangspunkt bildet der Bikepark in Waldsassen an der Mitterteicher Straße. Er ist ebenfalls ein Gemeinschaftsprojekt von engagierten Leuten der Firma Ghost und der Stadt Waldsassen. Die Anlage hatten Ghost-Mitarbeiter vor dem Ausbau bereits als Pumptrack genutzt. Mit dem von Ghost bereitgestellten Geld und in Kooperation mit Stadt Waldsassen, dem Verein „Skate & Bike Crew", Ghost-Mitarbeitern und zwei professionellen Parkbauern wurde das Konzept umgesetzt. Überrascht war Scharnagl, wie viele Leute regelmäßig vor Ort sind. „Von 9 bis 50 Jahren fährt da jeder herum." Die Kleinsten seien schon auf dem Laufrad unterwegs, hinterher die Mamis. Auch Papas mit ihren Kindern fahren gemeinsam.

Michael Scharnagl unterstreicht auch hier das ehrenamtliche Engagement, mit dem die Anlage auf aktuellem Stand bleibt. „In einem solchen Bikepark muss man ständig nacharbeiten", erklärt er. Leute aus den Reihen der SK8-Crew seien dabei eine wichtige Hilfe. „Ich bin aber dabei, das an die nächste Generation zu übergeben." 17 bis 19 Jahre jung seien die Leute im Kernteam, das den Bikepark beinahe täglich nutzt und sich inzwischen auch um dessen Pflege kümmert. „Die ziehen gut mit", freut sich Scharnagl. Ebenfalls als Betreuer dabei ist Ronny Seifert, der die Mountainbike-Trails konzipierte.

Eine regelmäßige Aufgabe im Bikepark, drei bis vier Mal im Jahr bei zweitägigen Aktionen, ist das „Shapen" der Strecke. Der englische Begriff bedeutet so viel wie „Formen": „Du musst sie halt immer wieder abziehen, wenn es Spaß machen soll", informiert Scharnagl über die nötige Pflege der Bahn. Diese übernehmen die Jüngeren inzwischen in eigener Verantwortung. Der Generationenwechsel scheint zu gelingen.

Techniktraining im Bikepark Waldsassen

Das Stiftland bietet viele reizvolle Strecken, so auch für die Profi-Mountain-Bikerin Anne Terpstra. Seit 2016 startet sie für das Ghost-Factory-Team.

Sie zählt zu den besten Mountainbikerinnen der Welt, geht bei Weltmeisterschaften für die Niederlande an den Start - daheim ist **Anne Terpstra** aber im Norden der Oberpfalz, im Mitterteicher Ortsteil Pleußen.

Auf Lieblingstour

Unterwegs mit der Profi-Mountainbikerin Anne Terpstra

von Wolfgang Würth

Seit 2017 lebt und trainiert die Profi-Sportlerin in der Gegend zwischen Fichtelgebirge, Oberpfälzer Wald und Fränkischer Schweiz. Wer wäre also besser geeignet, um eine Lieblingstour in der Region vorzustellen und zum Nachfahren zugänglich zu machen.

Dabei ist klar, dass die Rad-Spezialistin nicht wegen der guten Tourenmöglichkeiten in die Oberpfalz gezogen ist. Vielmehr startet sie seit 2016 für das Ghost-Factory-Team des gleichnamigen Radherstellers aus Waldsassen. Bei der neuen Mannschaft lernte die Niederländerin aus der Insel-Stadt Zierikzee im Südwesten der Niederlande gleich noch ihre neue Liebe kennen, den Teammanager Tom Wickles. „Wegen ihm wohne ich seit 2017 in der Oberpfalz“, erklärt Anne.

Durch den Bruder zum Sport

Zum Mountainbike-Sport kam Anne Terpstra als Mädchen über ihren großen Bruder. Zuvor sei niemand in der Familie Rad gefahren, nur ihr Bruder wollte es ausprobieren. „Er hatte direkt Spaß dran und weil ich noch zu klein war, allein zu Hause zu bleiben, musste ich immer meine Mama begleiten, um ihn zum Verein zu bringen“, erinnert sie sich an die Anfänge. „Nach ein paar Mal fand ich, dass das Radfahren echt cool aussah und wollte es auch probieren.“ Zunächst war sie auf einem Leihfahrrad unterwegs, um mal ein Training mitzufahren. „Damit habe ich bis heute nicht mehr aufgehört“, sagt sie und lacht. Zum Leistungssport habe sich dann alles ganz langsam entwickelt. „Zuerst mal ein regionales Rennen, ein paar Jahre später fuhr ich dann nationale Rennen und seit meinem 18. Lebensjahr fahre ich internationale Meisterschaften mit.“

Den größten Eindruck in ihrer Karriere habe bisher ihr erster Olympia-Start hinterlassen. „Das war 2016 in Rio und ich war einfach so überwältigt von der ganzen Stimmung und Atmosphäre dort.“ Erst ein paar Wochen vor dem Rennen war klar, dass sie starten darf, deshalb sei ihr wirklich bewusst gewesen, wie speziell dieses Event ist. „Der Moment, als ich in der ersten Runde bei meinem Bruder vorbeigefahren bin, und er versucht hat, mich anzufeuern, aber vor Emotion seine Stimme verlor, werde ich nie vergessen!“ Es sei ein sehr hartes Rennen gewesen, „aber ich weiß noch, wie schade ich es fand, dass es so schnell vorbeigegangen ist“. Seither hat Anne Terpstra Weltcups gewonnen, kehrte mit mehreren Medaillen von Welt- und Europameisterschaften zurück. Bei den Olympischen Spielen in Tokio wurde sie Fünfte.

Dass sich ihre Ergebnisse seit dem Umzug in die Oberpfalz nochmals verbessert haben, lässt sich vielleicht nicht direkt auf die neuen Trainingsmöglichkeiten zurückführen. Anne sagt aber, dass sie schnell festgestellt habe, „dass dieses Gebiet sich für meine Trainings sehr gut eignet." Zuerst habe ihr ihr Freund die Region und die schönen Wege für Mountainbiker gezeigt. „Mittlerweile kenne ich mich selbst auch sehr gut aus." Praktisch täglich ist sie hier mit dem Rad unterwegs, deshalb sei ihr Revier relativ groß. „Ich fahre gerne auf den Trails beim Ghost-Standort in Waldsassen, im ganzen Fichtelgebirge, vom Steinwald bis zum Waldstein und etwas weiter weg in der Fränkischen Schweiz." Jedes Gebiet sei anders, so dass auch die Anforderungen im Training jeweils anders sind und die Einheiten abwechslungsreich bleiben. Obwohl sie sich als Profi meist an Trainingspläne halten muss, komme so auch der Spaß und das gute Gefühl beim Biken nicht zu kurz. „Ich weiß, dass viele von meinen Kolleginnen ziemlich neidisch auf mein Trainingsgebiet sind."

Gut ausgeschilderte Trails

Als Empfehlung für eine Lieblingstour hat sich Terpstra den höchsten Berg im Steinwald ausgesucht. Die Tour startet in Fuchsmühl, man könnte aber auch genau am anderen Ende, in der Nähe von Erbendorf, starten. „Es geht theoretisch hoch bis zum Oberpfalzturm, bei gutem Wetter sollte man unbedingt mal hoch gehen und die Aussicht genießen, und von da geht es auf der anderen Seite wieder runter." Dabei sollte man aufmerksam bleiben, da die Runde am Turm in zwei Richtungen vorbeigeht und manche Streckenabschnitte parallel verlaufen. Die Trails seien aber gut ausgeschildert, und sobald man die Einstiege gefunden hat, kann nichts schiefgehen. Auf dem Rückweg von Erbendorf wieder hoch Richtung Oberpfalzturm ist auf der Komoot-Tour ein Schotteranstieg drin. Wer es gerne schwieriger hat, fährt zurück zum Waldhaus und von dort den Wanderweg hoch, teils über die Strecke des Hinwegs.

Sobald man wieder beim Turm ankommt, ist der erste Trail bergab technisch sehr, sehr anspruchsvoll. Diese Schleife kann man aber auch leicht auslassen. Dafür würde man den gleichen Weg zurück zur Burgruine Weißenstein fahren und ab da den kürzesten Weg zurück zur GPS-Strecke. Gleich danach kommt man am Marktredwitzer Haus vorbei, einem schönen Ort zum Einkehren. Für die Tour sollte man unbedingt ein Mountainbike nutzen, sie führt über einige teils sehr anspruchsvolle Trails. „Für mich sind die das Highlight der etwa 35 Kilometer langen Runde", sagt Anne, die aber auch weiß, dass sich viele dieser Trails gut und einfach umfahren lassen.

Der Beitrag erschien zuerst in der Zeitung „Der Neue Tag“ und auf Onetz (www.onetz.de/4054476) Wenn Sie diesen QR-Code mit dem Smartphone scannen, landen Sie direkt auf der Oberpfalz-Medien-Komoot-Seite. Dort gibt es diese und weitere Touren zum Download fürs Navi.

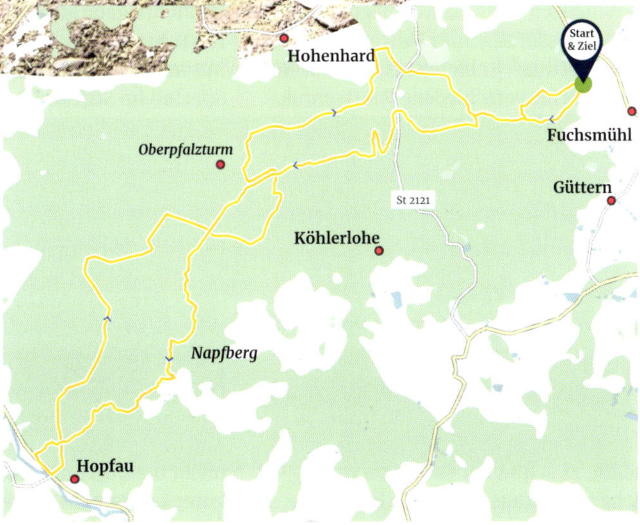

Vulkane, Erze und eine junge Landschaft

Eine kurze Naturgeschichte des Stiftlands

von Andreas Peterek

Blick in das rückgebaute und in Renaturierung befindliche Areal des Steinbruchs am Großen Teichelberg – der ehemals größte Basaltabbau Nordostbayerns.

Für die Besiedlungsgeschichte des Stiftlandes spielte die Entwicklung des Klosters Waldsassen sowie die durch seine Äbte betriebene Ausweitung des territorialen Besitzes eine große Rolle. Am 26. November 1230 verlieh König Heinrich VII. dem Kloster Waldsassen das Recht „alle adern oder gruben auf gold, silber oder anderm metall welche sich in dessen besitzungen finden" auszubeuten. Damit bekam das Kloster Zugriff auf die Bodenschätze bzw. den daraus resultierenden Zehent, den die Bergwerksbetreiber abführen mussten. Die flache Landschaft der Waldnaab-Wondreb-Senke im Raum Mitterteich-Tirschenreuth mit ihrem tonreichen, wasserstauenden Untergrund eignete

sich ideal zur Anlage von Fischteichen. Das hügelig-gebirgige Hinterland Waldsassens bot reichlich Wälder und damit Holz als Baumaterial und Energieträger.

Eine geologisch junge Landschaft

Vor rund 30 Millionen Jahren setzen in der Region Krustenbewegungen ein, die bis heute anhalten. Mit ihnen hängen die im bayerisch-böhmischen Grenzraum immer wieder spürbaren Erdbeben, die sogenannten Schwarmbeben, zusammen. Auch der Vulkanismus ist eine Folge der Hebung. Entlang der dadurch entstandenen Brüche konnte Magma aus dem oberen Erdmantel aufsteigen und bis an die Erdoberfläche gelangen – zuletzt vor rund 300.000 Jahren. Zu diesem Zeitpunkt sind der kleine Vulkan Eisenbühl (Železná hůrka) und das Neualbenreuther Maar entstanden. Heute steigt entlang der Brüche CO_2 auf, das aus dem Erdmantel stammt. Es mischt sich in der Tiefe mit dem Grundwasser und die dabei entstehende Kohlensäure löst Mineralstoffe aus den durchströmten Gesteinsschichten. Diese Wässer sind Grundlage der Heil- und Mineralwässer des Stiftlandes. Im Kondrauer Quellenpark bei Waldsassen kann man sich beispielhaft über die Kulturgeschichte eines bekannten Mineralwassers aus dem Stiftland informieren.

Mugler Wasserfall bei Altmugl (Bad Neualbenreuth) – in kleinen Kaskaden überwindet der Muglbach Glimmerschiefer und Quarzite des Waldsassener Schiefergebirges.

Der Ringelfelsen bei Wernersreuth.

Den Schwerpunkt vulkanischer Aktivität erlebte das Stiftland vor rund 25 bis 15 Mio. Jahren. Davon zeugen zahlreiche ehemalige Vulkane, z.B. der Große Teichelberg bei Pechbrunn, der Ruheberg im Reichsforst, der Hirschentanz im Pechofener Wald oder die drei markanten Basaltkegel von Großbüchlberg, des Gommelbergs oder des Gulgs. Der in zahlreichen Steinbrüchen über ein Jahrhundert hinweg betriebene Abbau von Basalt ist inzwischen Geschichte.

Lockruf des Goldes und anderer Erze

Die oben erwähnte Verleihung des Rechts auf Ausbeute der Bodenschätze an das Kloster Waldsassen durch König Heinrich VII. deutet auf die bereits frühe Kenntnis des Vorkommens von Erzen hin. Unter diesen war das Gold von Neualbenreuth das zunächst wichtigste. Indem sich die Goldwäscher den Muglbach aufwärts in Richtung Quellgebiet arbeiteten, kamen sie zu den an Gold reichen Seifenlagerstätten am Fuße des Tillenbergs. In der „Kalmreuth" rund zweieinhalb Kilometer südöstlich von Bad Neualbenreuth finden sich unzählige Pingen und Halden der frühen Goldwäsche. Hierüber informiert eine Schautafel des Geopark Bayern-Böhmen am Wanderparkplatz zum „Mittelpunkt Europas". Spätestens ab Mitte des 16. Jahrhunderts begann man damit, das Gold auch in untertägigen Bergwerken abzubauen. Die bekanntesten liegen eineinhalb Kilometer südlich Bad Neualbenreuth an der Straße nach Altmugl. Auch hier gibt es Schautafeln des Geoparks. Diese informieren zudem über die vielen weiteren Goldabbaue in der näheren Umgebung des Kurbades.

Vor allem mit Beginn des 19. Jahrhunderts gewann ein anderes Erz eine weit größere Bedeutung als das Gold: Eisenerz. Unter den Vorkommen sticht das schon seit 1528 bekannte Brauneisenerz am Teichtelrangen südöstlich von Pfaffenreuth bei Waldsassen hervor. Heute ist der „Eiserne Hut", dem der damalige Abbau galt, ein sehenswertes Naturdenkmal. Zur Verhüttung und Weiterverarbeitung des in der Region reichsten Eisenvorkommens wurde nördlich von Leonberg zwischen Neuhof und Neumühle ein durch die Kgl. Bayerische Regierung betriebenes Hüttenwerk mit Hochofen errichtet. Grundsteinlegung für die erst später „Königshütte" genannte staatliche Anlage war 1808, Produktionsbeginn 1816. Die Königshütte war von überörtlicher Bedeutung.

Mit der Zeit siedelten sich mehr und mehr Eisenhüttenarbeiter und Bergleute um das Hüttenwerk herum an, so dass in wenigen Jahren die Ortschaft Königshütte selbst entstand. 1825 errichtete man in Königshütte eine Salzfaktorei und ein Salzmagazin. Das Salz kam aus Reichenhall und wurde nach Auslieferung von Roheisen und Gußwaren in Österreich zur Auslastung der Fuhrwerke auf dem Rückweg nach Königshütte gebracht und dort für einen Weitertransport nach Böhmen gelagert. Königshütte entwickelte sich damit zu einem wichtigen Umschlagplatz für Salz, Roheisen und Gußeisenwaren. Aufgrund rückläufiger Wirtschaftlichkeit und zunehmender Konkurrenz in der Eisenindustrie, u.a. aus dem Ruhrgebiet, wurde das Eisenwerk Königshütte 1859 zunächst stillgelegt. Von 1860 bis 1888 wurde die Roheisenproduktion zwar unter privater Leitung noch fortgeführt, doch dann endgültig aufgegeben.

Der wirtschaftlich bedeutendste Bergbau galt jedoch im 20. Jahrhundert dem untertägigen Abbau von Schwefelkies (auch Eisenkies bzw. Pyrit genannt) in der Grube Bayerland bis in 500 Metern Tiefe. Das zur Herstellung von Schwefelsäure dienende Erz wurde von 1923 bis 1971 abgebaut, zunächst von der Bergbau AG Bayerland, seit 1937 von der Sachtleben AG. Der ehemalige Förderturm wurde nach der Stilllegung abgebaut und 1973 auf dem Gelände des Bergbau- und Industriemuseums Theuern originalgetreu wieder aufgestellt. Die Grube Bayerland liegt unterhalb der Eisenlagerstätte des „Eisernen Hutes“. Der „Eiserne Hut“ stellt eine typische Form der oberflächennahen Verwitterung einer Pyrit-Lagerstätte dar.

Geologie und Geotope

Die Geologie des Stiftlandes ist ausgesprochen vielfältig. Auf die jungen Vulkane wurde bereits hingewiesen. Mehr als 300 Millionen Jahre älter sind die Gesteinsformationen ihrer Umgebung. Diese gehören größtenteils dem „Waldsassener Schiefergebirge“ an, das sich aus Schiefern, Phylliten und Quarziten aufbaut. Etwa südlich der Linie Tirschenreuth – Mähring grenzt an das Schiefergebirge das aus Gneisen bestehende „Moldanubikum“, das eine andere geologische Geschichte aufweist. Beide Einheiten wurden im Zuge einer Gebirgsbildung vor 340 bis 320 Mio. Jahren miteinander verschweißt. Begleitet wurde dieser Vorgang von dem Aufdringen voluminöser Granitmassen. Diese

Oben: Der Sagenbrunnen vor dem Rathaus in Bad Neualbenreuth.

Unten: Infotafel am Naturdenkmal „Eiserner Hut“ bei Pfaffenreuth.

Restaurierte Burgruine auf dem Liebensteiner Schlossberg – einst erbaut aus und auf Liebensteiner Eisgranit.

prägen das Stiftland im Nordwesten (Übergang ins Fichtelgebirge), Westen (Steinwald) und Südwesten (Falkenberger Massiv). Alle drei Einheiten werden im Raum Mitterteich – Tirschenreuth von sehr viel jüngeren Verwitterungsdecken und Ablagerungen überlagert, die wie die Vulkane dem geologischen Zeitalter des Tertiärs angehören. Zu ihnen gehören kaolinreiche Tone, bis heute Grundlage für die keramische Industrie. Das für die einst bedeutende Porzellanindustrie der Region hochwertige Kaolin stammte ursprünglich allerdings größtenteils aus dem nahen Böhmen.

In allen geologischen Einheiten gibt es sehenswerte Geotope. Dies sind Zeugnisse der erdgeschichtlichen Entwicklung der Erde und der Region. Viele von ihnen sind mit Informationstafeln des Geopark Bayern-Böhmen ausgestattet.

Sehenswerte Geotope

Granit und seine Landschaft	**Falkenberger Burgberg** und angrenzender **Graf-von-Schulenburg-Park (i)** **Liebensteiner Schlossberg** (einst als „Liebensteiner Eisgranit" abgebaut)(i) **Wolfenstein** (Hohenwald bei Tirschenreuth) **Kleine und Große Teufelsküche** (Tirschenreuth)
Waldsassener Schiefergebirge	**Lerchenbühl** (Bad Neualbenreuth) (i) **Ringelfelsen** (Bad Neualbenreuth) **Kleiner Steinbruch am Glasberg** (Waldsassen, Waldkundlicher Lehrpfad mit Infotafel Geopark)(i) **Golitzstein** (Mähring)(i) **Mugler Wasserfall** (Bad Neualbenreuth)
Moldanubikum	**Ehemaliger Steinbruch Großkonreuth** (Gneise)
Tertiär (Ablagerungen, Verwitterung)	**Kaolingrube Rappauf** (Tirschenreuth)(i) **Kiesgrube Heusterzbühl** (Tirschenreuth) (i)
Junger Vulkanismus	**Alter Steinbruch Gommelberg** (Vulkanismus)(i) **Neualbenreuther Maar** (Bad Neualbenreuth)(i) **Ehemaliger Steinbruch Großer Teichelberg** (Pechbrunn) **Ehemaliger Steinbruch Konnsberg** (Konnersreuth; integriert in den Resl-Themenweg) (i)
Montanhistorische Geotope	**Eiserner Hut** (Naturdenkmal; Pfaffenreuth) **Pingenfeld Kalmreuth** (Bad Neualbenreuth)(i) **Zechen Churfürst** und **Güldenstern** (Bad Neualbenreuth)(i) **Högelstein** (St. Nikolaus-Kirche, Mähring)(i)
Sonstige geotouristische Sehenswürdigkeiten	**Neualbenreuther Blickpunkte** (8 Blickpunkte rund um Bad Neualbenreuth) (i) **Stiftlandmuseum Waldsassen** (geologisch-montanhistorische Abteilung) **Quellenpark Kondrau** (Waldsassen/Kondrau)

(i) = Infotafeln des Geoparks Bayern-Böhmen

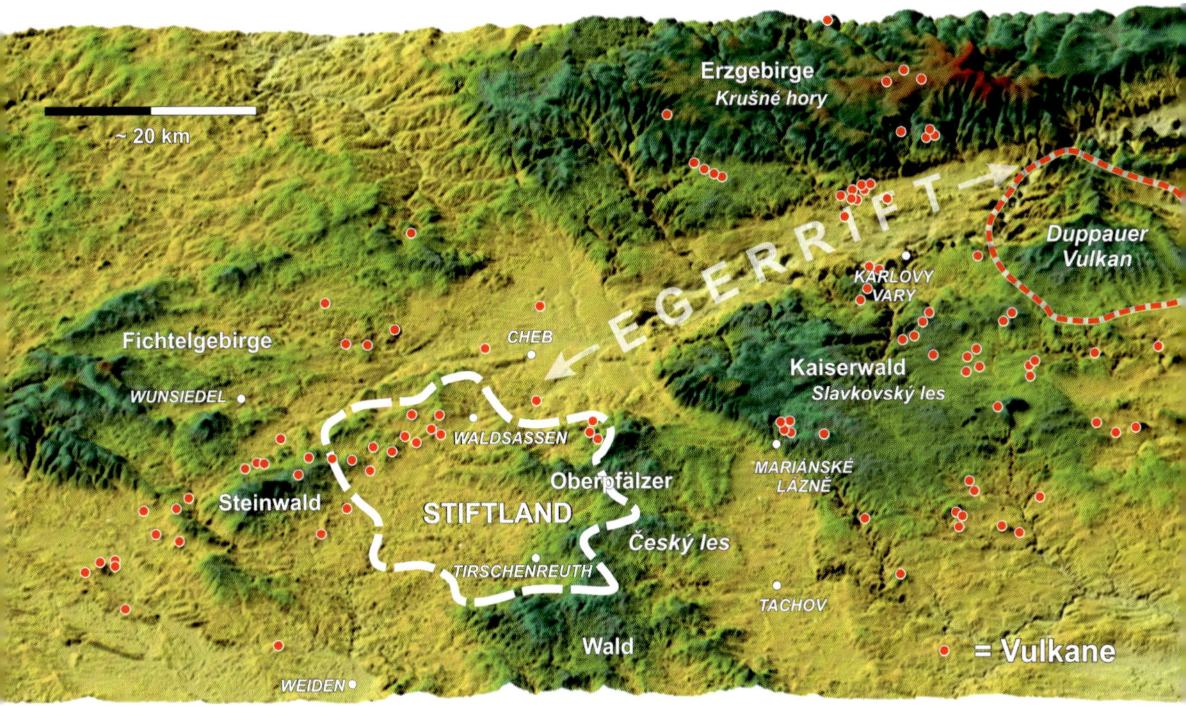

Im Zeichen des Egerbruchs

Ein Blick auf das Reliefbild zeigt die Landschaftsgliederung des Stiftlands: Den westlichen Bereich nimmt ein Teil der weiten Waldnaab-Wondreb-Senke ein. Diese wird nach Osten von den nördlichen Ausläufern des Oberpfälzer Waldes, dem Grenzgebirge nach Böhmen, begrenzt. Nördlich umrahmen der östliche Steinwald und der hier so genannte „Konnersreuther Block" die Senke bzw. den breiten Talraum der Wondreb, in dem Waldsassen liegt.

Verständlich wird diese Reliefkonstellation vor dem Hintergrund der geologischen Situation. Das Stiftland liegt im westlichen Teil des Egerrifts. Dies ist eine großräumige Hebungszone mit Anhebung der gesamten Erdkruste, die sich von Nordostböhmen über den Raum Karlsbad-Sokolov und das Egerer Becken bis nach Nordbayern erstreckt. Auf der Nordflanke dieser sattelförmigen Aufwölbung werden das Erzgebirge und das Fichtelgebirge, auf der Südseite der Kaiserwald und der Oberpfälzer Wald angehoben. Im Zentrum der Hebung liegt im bayerischen Teil der Steinwald. Aufgrund der Aufwölbung wird die Erdkruste gedehnt, so dass sich Gräben und Senken zwischen den angehobenen Gebirgsblöcken bilden. Im Reliefbild sind der Egergraben, das Egerer Becken und die Waldnaab-Wondreb-Senke gut zu erkennen. Auch der Talzug, in dem Waldsassen liegt, ist ein schmales Senkungsgebiet. Der Tillenberg und der sich südlich anschließende Oberpfälzer Wald bilden die nach Südwesten umschwenkende Verlängerung des angehobenen Kaiserwaldes.

Eine Aussichtsplattform bei Leonberg eröffnet einen großzügigen Blick ins Mitterteicher Becken. Die Plattform befindet sich oberhalb von Leonberg auf einer Anhöhe beim Wasserwerk.

Der Eisenbühl (Železná hůrka) ist mit rund 250.000 bis 300.000 Jahren der jüngste Vulkan im bayerisch-tschechischen Grenzgebiet, den die Wissenschaftler bisher entdeckt haben. Er liegt auf tschechischem Staatsgebiet, ist aber in nur wenigen Minuten vom Wanderübergang i n Bad Neualbenreuth aus zu erreichen.

Wie ein urzeitliches Wesen ragt der Granitmonolith Wolfstein bei Tirschenreuth aus dem Waldstück. Granite kommen vor allem am westlichen Rand des Stiftlandes vor und prägen dort die Landschaft.

Im Herzen Europas

Der grenzüberschreitende Bayerisch-Böhmische Geopark ist mit einer Gesamtfläche von rund 7500 Quadratkilometern einer der größten Geoparks in Mitteleuropa und thematisch einer der vielfältigsten.

In ihm werden rund 600 Millionen Jahre Erdgeschichte sicht- und erlebbar, in Form unterschiedlichster Gesteinsformationen und Landschaften. Zu ihm gehören im bayerischen Teil die Fränkische Schweiz, das Fichtelgebirge, der Steinwald und der nördliche Oberpfälzer Wald mit dem Stiftland. In Tschechien: das Westerzgebirge, der Kaiserwald, das Teplaer Hochland und der Böhmische Wald. Markante Landschaftskontraste zwischen aufragenden Bergmassiven und weiten Senken sind ein prägendes Merkmal des Geoparks, besonders in seinen zentralen und östlichen Teilen.

Grund dafür sind geologisch junge und bis heute anhaltende Bewegungen der Erdkruste. Sie führen zu einem Zerbrechen der dünnen Haut der Erde, in deren Folge sich Gebirgsblöcke emporheben und Gräben und Becken einsenken. Entlang von Brüchen entstehen Aufstiegswege für Magmen aus dem Erdmantel, die – als sie in jüngster geologischer Vergangenheit die Erdoberfläche erreichten – die vielen Vulkane der Region mit Lava versorgten – zuletzt vor gerade einmal 250.000 bis 300.000 Jahren.

Landschaft zu verstehen, ist eines der zentralen Themen des Bayerisch-Böhmischen Geoparks. Neben den Bewegungen der Erdkruste spielen dabei auch die klimatische Entwicklung der letzten 50 Millionen Jahre und die Geschichte der Flusssysteme eine große Rolle. Der Blick führt noch weiter zurück bis zu den

Große und Kleine Teufelsküche bei Tirschenreuth sind mit ihren oft bizarren Felsformationen aus Granit ein beliebtes Wanderziel. Rechts: Gedenkstein „Mittelpunkt Europas". 1865 war vom k&k Militär-Geographischen Institut ein Vermessungspunkt auf dem Tillenberg eingerichtet worden. In den Jahren danach entwickelte sich der Mythos der besonderen Lage des Tillenbergs. Bedingt durch den Eisernen Vorhang wurde der Gedenkstein 1985 an der heutigen Stelle errichtet.

Anfängen des europäischen Kontinents und zeigt die außergewöhnliche Position des Geoparks in der Kernzone eines über 300 Millionen alten Gebirges. Unter anderem aus diesem Grund befindet sich im Geopark auch die übertiefe Kontinentale Tiefbohrung (KTB), eine 9101 Meter tiefe Forschungsbohrung der Bundesrepublik am Rand des Stiftlandes. Diese wurde in den Jahren 1989 bis 1994 abgeteuft. Der Umkreis von rund 50 Kilometern um die Bohrlokalität definiert annähernd die Grenzen des Geoparks. Heute befindet sich an der Bohrlokation ein modernes Besucherzentrum, das GEO-Zentrum an der KTB.

Auf Goethes Spuren

Der Bayerisch-Böhmische Geopark geht mit seinen Inhalten weit über geologische Themen hinaus. So widmet er sich besonders auch seiner Montangeschichte. Die Ausbeute reicher Bodenschätze brachte vielen Orten schon früh überregionale Bedeutung und Wohlstand. Die Region ist besonders reich an Zeugnissen ehemaliger Abbauorte, an Relikten von Hütten- und Hammerwerken oder ingenieurtechnischen Denkmälern. Die bedeutendste Schrift über die mittelalterliche Bergbau- und Hüttentechnik, die „De re metallica libri XII" („12 Bücher über das Berg- und Hüttenwesen"), stammt von Georg Agricola (1556) und hat seine Wurzeln im Westerzgebirge und damit im Geopark. Neben Agricola haben auch bekannte Naturforscher aus der Anfangszeit geologischer Forschung Spuren im Gebiet des heutigen Geoparks hinterlassen, darunter Johann Wolfgang von Goethe. Dieser interessierte sich vor allem für die Landschaftsformen des Granits. Im bayerischen Teil des Geoparks gehört der junge Alexander von Humboldt als Bergbeamter in preußischen Diensten zu einer bekannten Persönlichkeit der Wissenschaftsgeschichte im Geopark.

www.geopark-bayern.de
www.geopark-cbg.eu

Durchatmen und Kraft tanken. Im Kurwald bei Bad Neualbenreuth.

Die Luft kann nirgends besser sein. Durch die Bäume dringt Blätterrascheln und Vogelgezwitscher. Ein erdiger Duft steigt auf. Am Wegrand gurgelt ein Wasserlauf. Die Lunge weitet sich und die Antennen gehen auf Empfang. Auftakt zu einer Genusswanderung.

Komm, wir nehmen ein Bad in den Lüften

Ein Ausflug zum Kurwald bei Bad Neualbenreuth

von Oliver van Essenberg

Der Wald als Rückzugsort. Dieses Erlebnis ist nachvollziehbar, auch heute noch, gut 200 Jahre, nachdem Romantiker den Wald als Sehnsuchtsort entdeckt haben. Der kleine Parkplatz gegenüber des Weilers Waldhäusl weist den Weg. Hier treffe ich mich zu einer Führung mit den Waldgesundheitstrainern Beate Ott und Michael Rückl, die mir im Kurwald bei Bad Neualbenreuth eine Einführung in die Wunderwelt Wald geben. Kur- und Heilwälder sind ein Mikrokosmos der besonderen Art. Sie stehen für ein gesundes Waldinnenklima und hohe Luftreinheit, für vielfältige Sinnesräume, einen artenreichen und abwechslungsreichen Wald mit Lichtungen und alten Baumbeständen. Sie bieten waldestypische Ruhe und Geborgenheit in einem förderlichen Umfeld. Der Kurwald verdankt diese Qualität einer Sondersituation, da er länger nicht intensiv genutzt wurde und daher weitgehend Wald bleiben durfte.

Bewirtschaftet wurde der Forst freilich schon immer. Das lässt sich unter anderem an alten Köhlerplätzen erkennen, von denen heute noch kleine Stückchen Holzkohle zeugen, die meist nur unter einer Schicht von Tannennadeln und Blättern begraben liegen. Einst musste der Köhler hier Tag und Nacht sein Holz am Glimmen halten, Sauerstoff zuführen, damit die Kohle nicht auskühlt und wenn nötig, das Feuer rasch ersticken. Nicht erst als im 19. Jahrhunderts die Dampfmaschinen heiß liefen, war Holzkohle der Energielieferant schlechthin, auch für den regionalen Bergbau und die Erzverarbeitung war sie unabdingbar. Heute kennen wir das Produkt nur noch vom Grillen.
Wirtschaftliche Nutzung und Erholung – diese beiden Funktionen des Waldes bilden keinen Gegensatz, sondern stehen in engem Zusammenhang. Ohne menschliche Eingriffe müssten wir uns bei einer Waldbegehung irgendwann eine Schneise durchs verwachsene Dickicht schlagen, um voranzukommen. Mit einer einseitigen wirtschaftlichen Nutzung schwächt der Mensch den Wald und leistet Schädlingen wie dem Borkenkäfer Vorschub. „Im Grund haben wir im Stiftland eine klassische Waldstruktur, einen Fichten-Mischwald mit vielen eingestreuten Buchen", sagt Michael Rückl bei unserem Spaziergang. „Dass wir noch etwas besser dran sind als andere Regionen, hat mit mehreren Faktoren zu tun. Wir haben relativ viel Landwirtschaft und weniger Industrie, die die Umgebungstemperatur anhebt." Im Kurwald kommt eine weitere Besonderheit hinzu. „Im Winter treffen hier der scharfe Wind vom Osten und die feuchte Atlantikluft vom Westen aufeinander. Das führt zu mehr Niederschlägen, Schnee gibt es aufgrund der kühlen Lage um 700 Metern Höhe manchmal noch bis in den April. Damit hat der Wald mehr Zeit, sich von den trockenen Sommern zu erholen."

Ein Zauberteppich aus Moos

Nach fünf Minuten gemütlichen Schlenderns kommen wir an einem Lieblingsplatz der Waldgesundheitstrainer und vieler Spaziergänger vorbei. Nur ein paar Schritte von der Forststraße entfernt ist der Wald von Mooswegen durchzogen. „Auf die weitläufige Moosfläche werden wir immer wieder angesprochen", sagt Beate Ott. „Sie liegt an einem Nordosthang, der eine hohe Feuchtigkeit und eine hohe Dichte an Nadelbäumen aufweist. Beides ist gut für Moos." Hier beginnt die Waldgesundheitstrainerin gerne mit einer Übung: „Wir gehen langsam in den Wald rein und ich bitte die Gruppe, bewusst darauf zu achten, wie es sich anfühlt, wenn es still wird und man das Moos spürt. Die Stille und die Langsamkeit schrecken viele Menschen im ersten Moment ab. Am Ende des dreistün-

digen Waldgesundheitstrainings freuen sie sich darüber, wie gut es getan hat."

Entspannung, Kraft tanken, sich an der Natur erfreuen – das sind die wichtigen Motive, weshalb wir in unserer Freizeit in den Wald gehen. Dabei wurde der Wald erst im 19. Jahrhundert zum romantischen Idyll. Zuvor wollten ihn die meisten Menschen Jahrhunderte lang nicht betreten. Man fürchtete sich, wenn nicht vor Hexen, vor Räubern und gefährlichen Tieren. Die Liebe zum Wald ist eindeutig ein modernes Phänomen, ebenso der Schutz des Waldes. Für Michael Rückl ist der Oberpfälzer Wald dabei noch ein Geheimtipp. „Allein rund um Bad Neualbenreuth haben wir 300 Kilometer Einzelwanderwege, wo Sie manchmal stundenlang gehen können, ohne einem Menschen zu begegnen. Viele Kleinode wie der Ringelfelsen, die Altherrgotts-Kapelle oder der Mittelpunkt Europas sind im Wald versteckt, aber wie an einer Perlenschnur über Rundwanderwege erschlossen."

Im Meer aus Bäumen

Wanderungen auf eigene Faust sind für sich schon ein Genuss. „Die Abgeschiedenheit und die Stille des Waldes können eine unwahrscheinliche innere Ruhe erzeugen. Wenn ich in einen unserer Wälder schaue, sehe ich nach 200 Metern nichts mehr. Das besagt ja auch der Spruch, dass man den Wald vor lauter Bäumen nicht mehr sieht", führt Michael Rückl aus. „Die Bäume verschließen sich. So muss man es sich vorstellen, dass man auch seine Gedanken bindet. Anders als beim Blick über eine offene Landschaft werde ich nicht abgelenkt, sondern kann meine Gedanken fokussieren."

Ein Waldgesundheitstraining kann das genussvolle Erleben erweitern. Beim Waldbaden gehen die Teilnehmer auch auf unausgebauten Wegen in den Forst hinein, um die Natur mit allen Sinnen intensiv zu spüren. „Wenn man nur schweigend dasteht, hört man nach ein paar Minuten den Wind rauschen, das sensibilisiert die Menschen für die Umwelt. Sie lernen so, auch im Alltag mehr auf Details zu achten. Oft überladen wir uns in der Freizeit und nehmen gar nicht mehr wahr, was wir gerne hätten. Jeder hätte gerne Ruhe, einen Ausgleich zur Arbeit. Was viele dann unternehmen, hat jedoch mehr mit Zerstreuung zu tun. Mit dem Waldgesundheitstraining helfen wir den Menschen, ihren Körper und ihren Geist zu stärken."

Zurück zu den sinnlichen Wurzeln also, ist das die Botschaft? Ja, doch statt „zurück" könnte man genauso gut auch „voran" sagen. Eine Führung mit Waldgesundheitstrainern ist wie ein kleiner Stups, der uns über den Zaun hilft, damit wir lernen, die Natur anders wahrzunehmen, uns von ihr erstaunen, faszinieren, berühren, verführen zu lassen. Der Schatz liegt offen zu Tage, das ist das ganze Geheimnis.

Unser Freund, der Baum

„Mein Freund, der Baum" lautet der Titel eines Schlagers aus dem Jahr 1968. Und in der Tat weist das Leben der Bäume Gemeinsamkeiten mit dem Zusammenleben sozialer Gruppen auf. Bäume erkennen Artgenossen in der Umgebung und stellen das Wachstum ein, um ihnen nicht in die Quere zu kommen. Sie helfen jungen, aber auch kränkelnden Artgenossen, wenn diese Nährstoffe brauchen. Sie kooperieren mit einem Netzwerk an Pilzen, das den Wald durchzieht, und können mit deren Hilfe auch über größere Distanzen Verbündete ausmachen.
Die Natur schöpft die Elemente, die sie braucht, im Wesentlichen aus sich selbst. Doch die Menschen greifen tief in diesen Kreislauf ein. Wenn wir den Wald sich selbst überlassen, erholt er sich erstaunlich schnell von Zerstörungen, indem er zum Teil neue Pflanzen und Lebewesen entstehen lässt, die an die veränderten Verhältnisse angepasst sind. Der Wald kann von sich aus sehr viel mehr Kraft entfalten, als wir ihm eigentlich zutrauen, und das obwohl wir ihm auch unsere Existenz verdanken.

Beim Waldgesundheitstraining geht es tief in den Wald hinein. Die Vielfalt der Moose und die Moosteppiche, die Teile des Kurwalds durchziehen, faszinieren viele Besucher.

Waldgesundheitstraining in Bad Neualbenreuth

Beim Waldgesundheitstraining geht es um das bewusste Wahrnehmen: Das Wahrnehmen des Waldes mit allen Sinnen, aber auch das Wahrnehmen des eigenen Körpers.

Das Waldgesundheitstraining findet zwischen April und Oktober immer freitags (außer an Feiertagen) um 15 Uhr statt. In den Wintermonaten schon eine Stunde früher. (Stand lt. Planungen für 2023/24)
Dauer: ca. 2 oder 3 Stunden
Ausgangspunkt:
Wanderparkplatz Egerer Wald
Kosten: 15 oder 25 € pro Person
Anmeldung:
In der Gäste-Information
unter 09638 / 933-250
Ein Wanderflyer mit schönen Routen ist in der Tourist-Info Bad Neualbenreuth und unter **www.neualbenreuth.de** erhältlich.

Der stadtegerische Wald

Der stadtegerische Wald, sechs Kilometer von Bad Neualbenreuth entfernt, liegt im Oberpfälzer Wald auf deutscher Seite, gehört aber der tschechischen Stadt Cheb (Eger). Das einst 1000 Hektar große Areal konnte sich die Stadt Eger im 16. Jahrhundert im langewährenden Machtkampf mit dem Kloster Waldsassen sichern. Die Fläche hat sich bis zur Umsetzung des Wiener Vertrages 1862 auf die heutigen ca. 650 Hektar verringert und war ein begehrtes Tauschobjekt bei der Bereinigung des Grenzverlaufs. Seit 1920 steht die Stadt Eger als Besitzer im Grundbuch.

Nach dem Fall des Eisernen Vorhangs erhoben Heimatvertriebene mit deutschböhmischen Wurzeln Ansprüche auf den Wald. Ein Brennpunkt der kontroversen Diskussion war das alte Egerer Forsthaus (im Bild). Am Ende kam es zu einer Lösung, von der beide Seiten profitieren. 2012 entstand eine Stiftung, die kulturelle und historische Projekte im Bezirk Cheb und im Stiftland fördert, zum Beispiel die Sanierung von historischen Fachwerkhäusern. Über die Verteilung entscheidet der Stiftungsrat, in dem tschechische und deutsche Partner gleichberechtigt vertreten sind. Seit Juli 2022 dürfen in Zusammenarbeit mit der Stadt Cheb gut 100 ha als zertifizierter Kurwald genutzt werden.

Entspannt und informativ wandern
in und um Bad Neualbenreuth

Bad Neualbenreuth/Sibyllenbad hat im November 2019 das Prädikat als Heilbad erhalten und möchte sich als naturnahes Kurbad von den klassischen Kurbädern unterscheiden. Zusätzlich zu den Kur- und Wellnesseinrichtungen des Sibyllenbades wurden die Themen Wandern und Natur als Zusatzangebot ausgebaut.

Wandern erlebt eine Renaissance. Das Bedürfnis nach Bewegung in fast unberührter Natur wächst. Rund um Bad Neualbenreuth stehen über 300 km markierte Wege, Themenwege und Rundwanderwege offen. Nicht zuletzt ist Bad Neualbenreuth die erste Station auf dem 133 km langen Nurtschweg, Teil des Europawanderweges E6 und Goldsteig-Zuweg. In den letzten Jahren wurden teils neue Wanderwege eingerichtet, die bestehenden Wege nach den neuesten Richtlinien des Deutschen Wanderverbandes markiert und mit neuen Wanderkarten und Picknickplätzen ausgestattet.

Das alte geschichtsträchtige Schloss im benachbarten Starý Hrozňatov (Altkinsberg), wo auch die Wallfahrtskirche Maria Loreto über dem Egerer Becken thront.

Idylisch fügt sich Bad Neualbenreuth in die Landschaft ein, umgeben von einem abwechslungsreichen Netz an Wanderwegen zu vielfältigen Ausflugszielen.

Begleitete Naturerlebnis- und Naturtourismusangebote ergänzen die individuelle Planung mit Wanderkarte oder digitaler Routenführung. Regelmäßig werden geführte Wanderungen mit fachkundigen Erläuterungen rund um Bad Neualbenreuth angeboten. Diese bringen die Gäste nicht nur zu den bekannten Ausflugszielen wie den Mittelpunkt Europas, den Muglbach-Wasserfall oder den Ringelfelsen. Manchmal sind es fast unscheinbare, aber zugleich bedeutende Plätze bezogen auf die geologischen, historischen oder landschaftlichen Besonderheiten des Gemeindegebiets.
Der Hausberg der Neualbenreuther und ein beliebtes Ausflugsziel ist der 940 Meter hohe, sagenumwobene Dyleň (Tillenberg). Der Gipfel liegt bereits in der Tschechischen Republik. Wegen der grenznahen Lage stehen auch weitere Ziele im Nachbarland auf dem Programm. Das Museumsdorf Doubrava (Taubrath), Starý Hrozňatov (Altkinsberg) mit der Wallfahrtskirche Maria Loreto oder Kyselecký hamr (Säuerlingshammer), der „Ursprung" des lokalen Heilquellenbetriebes, laden jenseits der Grenze zu einem Besuch ein. Alte Vulkane, Maare, verschwundene Dörfer, Überreste aus der Zeit des Gold- und Erzbergbaus – die Liste an interessanten Plätzen und Zielen scheint endlos.

Je nach Interesse, Kondition und Jahreszeit sind auch individuelle Wanderungen buchbar.
Die Interessenten legen Ausflugsziele und Länge der Tour fest und gehen entspannt auf ihre Entdeckungsreise im Gebiet der historischen Frais(ch) im nördlichen Oberpfälzer Wald.

Weitere Informationen gibt es bei der
Gästeinformation Bad Neualbenreuth
Tel. 09638 / 933250, E-Mail: badneualbenreuth@sibyllenbad.de sowie unter
www.wandern-in-badneualbenreuth.de

Die Lama-Flüsterin

Neugier ist oft die erste Reaktion, wenn Menschen die Lamas sehen, die in Terschnitz bei Waldsassen zu Hause sind. „Ach, sind die süß. Die sehen so kuschelig aus. Als würden sie einen anlächeln."

Luciano's Welt
www.lucianos-welt.de
info@lucianos-welt.de
Tel. 0171 / 6136113
Termine nach Vereinbarung

Jutta Fischer, die Inhaberin des Lamahofs, kennt diese spontanen Impulse. Sie bietet tiergestützte Aktivitäten und Förderungen für Kinder und Erwachsene an. Der Umgang mit den ruhigen Tieren kann Menschen entspannen und ihnen Freude schenken, die Wahrnehmung und die Konzentration schulen, die sensorischen Fähigkeiten verbessern und vieles mehr leisten. Bei Menschen mit Einschränkungen wirkt sich der regelmäßige Kontakt zu den Tieren positiv aus. Um das Optimale für Mensch und Tier zu ermöglichen, stimmt Jutta Fischer ihre Angebote individuell auf die Bedürfnisse der Beteiligten ab.

Für Jutta Fischer ist mit dem Lamahof ein Kindheitstraum in Erfüllung gegangen. Dass sie ein gutes Gespür für Tiere hat, erfuhr sie schon in jungen Jahren beim Reiten. Sie kann sich noch an einen Satz erinnern: „Wenn du da bist, sind die Pferde anders." Bei Lamas hat sie die Aussage nach Jahren wieder gehört. Lamas haben sie vor allem aufgrund ihres Wesens fasziniert. Sie wahren einen natürlichen Abstand, sind sanftmütig und wirken entschleunigend. Jutta Fischer hat das an sich selbst gemerkt: Inzwischen ist sie auch in stressigen Zeiten tiefenentspannt.

Lucianos erste Wahl

Hinter dem Namen „Luciano's Welt", den sie für ihren Lamahof gewählt hat, steckt wie so oft bei ihr eine persönliche Geschichte. Der Name Luciano war schon da. So hatte ein Züchter einen Suri-Wallach getauft, den Jutta Fischer während

Zwei, die sich gefunden haben: Luciano und Jutta Fischer (im Bild oben). Auf ihrem Lamahof in Terschnitz stehen Tier und Mensch im Mittelpunkt.

Strahlende Gesichter machen auch Jutta Fischer glücklich.

einer Ausbildung in ihr Herz schloss. Eigentlich habe Luciano sie „ausgesucht“. Zur Verblüffung des damaligen Besitzers verhielt sich der Menschen gegenüber als extrem misstrauisch geltende Suri-Wallach in ihrer Nähe ganz anders als sonst. Aus freien Stücken blieb er ganz entspannt an ihrer Seite stehen und lies sich sogar von ihr berühren. Ein paar Monate später, als Platz gefunden war, folgte er der Lama-Flüsterin in sein neues Zuhause.

Jutta Fischer bringt in den Lamahof neben ihrem Fachwissen als Fachkraft für tiergestützte Interventionen viel Erfahrung und verschiedene Methoden ein, gepaart mit einer ausgeprägten Intuition für Tiere und Menschen. Vor allem aber ist es ihre Begeisterung für die tiergestützte Pädagogik, die sie motiviert. Sie erzählt in dem Zusammenhang von einem Buben, der im Alltag Verhaltensauffälligkeiten zeigte. „Wenn der Bub mit den Tieren beschäftigt war, schien er ein anderer Junge zu sein. Das hat mich fasziniert und nicht mehr losgelassen.“

Jutta Fischer hat verschiedene Angebote, die man einzeln oder aber auch als Gruppe buchen kann: zielgerichtete Interventionen oder tiergestützte Aktivitäten. Kindergärten, Schulklassen, Familien, Freunde, Urlauber – jeder wird bei einem Besuch auf dem Lamahof „auf seine Kosten kommen“. Es ist mehr als ein Erlebnis, die Lamas aus der Nähe kennen zu lernen, sie zu spüren, fühlen zu können oder neben ihnen durch nahegelegene Wälder und Wiesen zu wandern. Auf Wunsch ist auch ein abendliches Lagerfeuer oder eine gemeinsame Brotzeit möglich. Bei allen Angeboten steht der artgerechte Umgang mit den Lamas im Mittelpunkt, den Jutta Fischer gerne vermittelt. Die wunderbare Ruhe des Lamahofes tut ein Übriges, dass man gerne wiederkommt.

Vom unaufhaltsamen Rauschen des Waldnaabtals

Einblicke in ein bizarres Fleckchen Erde

von Ulla Britta Baumer

Sollte ein Komponist auf die Idee kommen, eine Symphonie über das Waldnaabtal in der nördlichen Oberpfalz zu schreiben, müsste er unweigerlich dieses unaufhaltsame Rauschen in Musik gießen. In dieser kleinen, mit Granitformationen überschütteten Schlucht findet ein 24-stündiges Rauschen statt, das nicht allein vom Wasser der Waldnaab herrührt.

Gut, das Flusswasser zwängt sich äußerst geräuschvoll zwischen bizarren Felsbrocken im Flussbett hindurch. Begleitet wird dieses Tönen der Natur aber vom sanften Rauschen des Waldes. Es rauscht der Ostwind durch die lichten Stämme der Fichten, die sich in hügeligen Granitlandschaften mit ihren Wurzeln in mageres Erdreich krallen und es rauscht das Blattwerk der Laubbäume am Ufer.

Natürlich übt das 182 Hektar große Schutzgebiet seinen Reiz auf Naturfreunde, Wanderer, Radfahrer und Sonntagsausflügler nicht allein wegen der Begleitmusik aus. Bei ausgedehnten Wanderungen mag sich mancher Gast die Frage stellen, wer zuerst da war in diesem zauberhaft-herben Landstrich. Der verspielte Fluss? Das graue Granitgestein? Die skurrilen Felsenformationen? Das weiche Moos auf den Flusssteinen, die weite Landschaft oder der dunkle Wald? Die Antwort bleibt offen. Nur eins ist gewiss: Der Mensch war es nicht. Er machte sich das Waldnaabtal nicht als Erstes, dennoch frühzeitig zunutze. Als natürlich gewachsener Erholungsraum wird die Schlucht für die Erbauung von Seele, Körper und Geist, meist in geselliger Runde, seit Jahrhunderten gern durchwandert.

Einheimische nehmen ihr Tal in Beschlag

Die Schöpfung muss dem Waldnaabtal mehr als nur den Begriff „wilde Natur" mitgegeben haben. Wer einmal hier verweilte, kehrt gern zurück. Diese Stiftländer Ecke, rau, natürlich und liebenswert, hat die Einheimischen allein durch seine bizarre Schönheit zu Naturfreunden gemacht. Mit den Enkeln und Urenkeln, mit Hund, Kind und Kegel machen sich die Familien an den Sonn- und Feiertagen regelmäßig auf den Weg durch ihr Tal.

Wer wilde Einsamkeit erwartet, wird also enttäuscht. Still ist es nicht. Bei schönem Wetter geht entlang des Flusses sprichwörtlich die Post ab. Die Gegend verspricht herrliche Tagesausflüge mit stundenlangem Wandern auf weitläufigen Pfaden ebenso wie einen nachmittäglichen Spaziergang in absehbarem Zeitrahmen. Wer nicht bis an den Rand der Erschöpfung 20 und mehr Kilometer ablaufen möchte, findet Wandervariationen in jedem Schwierigkeitsgrad. Auskünfte über ausgeschilderte Wanderrouten geben die Touristenbüros im Landkreis Tirschenreuth oder das Internet, wo das Waldnaabtal tausend Mal bejubelt wird von touristischen Fachleuten oder von Urlaubern.

An Sonn- oder Feiertagen wird die kurze Route von Tannenlohe kommend bis zur Blockhütte oder die etwas längere Route ab Falkenberg äußerst häufig frequentiert. Wer also mit dem endlosen Rauschen im Waldnaabtal lieber allein sein will, muss frühmorgens um 5 Uhr, am besten bei Sonnenaufgang, starten. Mit etwas Glück ist er eine Weile allein mit den bizarr-schönen Naturwundern, aber nicht lange, an lauschigen Sommertagen parken ab 6

Die Waldnaabaue zwischen Falkenberg und Tirschenreuth ist geprägt vom malerischen Verlauf der Waldnaab, naturnahen Auewiesen sowie umliegenden Bruch- und Nadelwäldern. Nahe Falkenberg übt das Flussbett mit seinen mystischen Felsbrocken eine besondere Faszination aus.

Uhr morgens die ersten Sommerfrischler auf den Wanderparkplätzen an den Zubringerwegen. Diese Parkplätze vermitteln zuerst einmal Wissen. Ausführliche Wanderkarten und Informationstafeln erklären das Tal, seinen Reiz, seine Mystik und seinen Erholungswert sowie umliegende Sehenswürdigkeiten wie die Burg Falkenberg, die Ruine Neuhaus oder die Zoiglstuben.

Versteinerte Riesen am Wegrand

Nur wenige Schritte braucht es vom Parkplatz aus, um in den tiefen Wald einzutauchen. Es ist ein Märchenwald durch und durch: Die Kinder haben ihren Spaß beim Wandern mit den Eltern. Sie erkennen in den hohen Felsen versteinerte Riesen mit Augen, Nasen und einem mächtigen Mund. Hinter den Bäumen sehen sie Trolle über das weiche Moos huschen. „Mama horch. Hast du auch das verschwundene Burgfräulein oben auf dem Hügel singen gehört?“ Unzählige, teil schaurige Fabeln, Geschichten und Legenden ranken sich um das Waldnaabtal. Überliefert von den Urahnen werden sie heute noch weitererzählt.

In der Hochsaison von Mai bis September ist der Zauber im Tal ein anderer. Die Mystik weicht dem Trubel. Nun umspült das Wasser die im Flussbett liegenden Felsbrocken zum Vergnügen unzähliger Ausflügler. An sonnigen Tagen werden die Trampelpfade durch den Wald stellenweise zu Engpässen. An schmalen Brücken über den Fluss gibt es bei Stoßzeiten Stau.

Nicht nur zum Rasten und Ausruhen stoppen Wanderer gern den Bewegungsdrang, die Wege sind nicht allzu beschwerlich. Skurrile Naturschauspiele fesseln den Blick. Die Felsenformationen, steil aufragend, tragen seltsame Namen wie Kammerwagen, Tischstein oder Butterfass. Diese makabren Wegbegleiter dienen dem routinierten Tourengänger auf seiner Pfadsuche als Wegweiser, sollte ein Schild übersehen worden sein.

Das Waldnaabtal gewährt allen Generationen und Interessengruppen ein Erlebnispotenzial natürlichen Ursprungs. Die jugendliche Outdoor-Generation, modern ausgerüstet mit praktischen Backpacks, funktionaler Sportbekleidung und hohen Wanderschuhen, überholt forschen Schrittes die Altvorderen. Während die Jugend eilig ihr gestecktes Ziel anpeilt – etwa ein kühles

Bier und eine Brotzeit in der bewirtschafteten Blockhütte – lässt sich die Seniorengesellschaft beim gemächlichen Spaziergang nicht aus der Ruhe bringen. Die Alten schätzen den Komfort einer Heimat mit weiter Natur fern aller Großstadthektik. Sie schieben gemütlich die Sportkinderwägen ihrer Enkel vor sich her. Hier ist ihr Zuhause. Wanderstöcke helfen ihnen über Stolperstellen hinweg. Zwar sind die Wege gut begehbar und meist breit. Achtsamkeit ist dennoch an Felsen-Engstellen angebracht. Dickes Wurzelwerk durchzieht die ausgetretenen Pfade. Dem Hans-Guck-in-die-Luft stellen die Waldriesen gern mit ihren Wurzeln ein Bein. Es scheint gar, als wollten die dürren Fichten oben neben dem Felsplateau das Wasser unten aus dem Fluss erreichen – voller Neid auf die Kameraden mit prächtig grünen Baumkronen, die direkt an der Quelle einen Platz ergatterten.

Die Kondition und die Strecke bestimmen das Wandertempo des Einzelnen. Alt und Jung trifft sich wieder in der Blockhütte. Die Oberpfälzer Wirtshauskultur ruft mit deftiger Küche, erfrischendem Bier und Geselligkeit. Manche Wandergruppe findet es derart gemütlich auf den Bierbänken draußen, dass

sie wortlos statt einer Wanderfortführung ein längeres Verweilen beschließt. Wer bis zur Abenddämmerung sitzenbleibt, sollte eine Taschenlampe parat haben. Eine Beleuchtung zurück zum Parkplatz durch nachtfinstere Waldstrecken bieten jetzt höchstens noch der Mond und die Sterne.

Sammelpunkt Blockhütte

Sitzgelegenheiten sind vor der Blockhütte heiß begehrt und manchmal Mangelware. Das soll kein Hemmnis zur Einkehr sein. Dank Selbstbedienung und fleißigem Hüttenpersonal muss niemand auf sein kühles Getränk verzichten. Dann sucht sich die Wandergruppe kurzerhand auf der gemähten Wiese beim Wasserrad ein Plätzchen. Als Sitzunterlage tut

Ruheplätze gibt es zahlreiche auf der Strecke entlang der Waldnaab. Bei der Blockhütte (Bild unten) steht allerdings die Geselligkeit im Mittelpunkt.

Informatives rund um das Waldnaabtal

Seit 1950 steht das schluchtartig ins Tal eingeschnittene Flussgebiet der Waldnaab unter Naturschutz. Das Waldnaabtal liegt südwestlich von Falkenberg und nördlich von Windischeschenbach in den Landkreisen Tirschenreuth und Neustadt an der Waldnaab. Der Fluss fließt in die Naab, einem Nebenfluss der Donau, und speist mit seinem Wasser aus der Quelle im Stiftland das Schwarze Meer. Entstanden ist das heutige Schutzgebiet durch die Hebung der Falkenberger Granithochfläche, was zu einer verstärkten Erosion der Waldnaab geführt hat. Der etwa sechs Kilometer lange Talabschnitt wird wegen der moosbewachsenen Felsblöcke im Flussbett sowie seiner bizarren Verwitterung und den steil aufragenden Granitfelsen als außergewöhnliche Eigenart der Natur geschätzt.

Wander- und Radwege

Von Falkenberg bis nach Neuhaus ist der Wanderweg durch das Waldnaabtal 14 Kilometer lang. Von Falkenberg zur Blockhütte sind es 5 Kilometer. Diese Strecke ist auch Teil des Goldsteigs, dem 660 Kilometer langen Fernwanderweg durch den Oberpfälzer und Bayerischen Wald. Es besteht die Möglichkeit, sich Rundwanderwege mit unterschiedlicher Länge zusammenzustellen. Die Wandervereine, die Touristenbüros und angrenzenden Kommunen sorgen für eine gut überschaubare Beschilderung der Wegstrecken und ausreichend Hinweistafeln. In den Touristenbüros gibt es Wanderkarten. Viele können auch digital auf das Handy geladen werden. Große Teilstrecken der gut ausgebauten Wege können auch von Radfahrern genutzt werden. Diese sind in den örtlichen Radwegführern beschrieben.

es die Jacke, die in der warmen Sonne nicht mehr nötigt ist. Jeder hat sich seine Pause erwandert, ob von Tannenlohe her auf kurzem Weg, von Falkenberg auf der fünf Kilometer langen Strecke oder gar nach einer 14 Kilometer langen, ausgiebigen Tour ab Neuhaus.
Es ist ein geselliges Leben im wildromantischen Waldnaabtal. Enttäuscht wird keiner: Welche Richtung der Wanderer auch auswählt, er wird überrascht von bizarren Naturschönheiten. Am Wanderweg oberhalb der Blockhütte entspringt eine Quelle mit schwefel- und kohlensäurereichem Wasser, was den dortigen Granit gelblich-rötlich färbt. Es gibt ein Felsplateau, auf dem einst eine Nebenburg der Burg Falkenberg stand, den Weg säumen Teiche mit quakenden Fröschen, aus frischen Quellen kann sorglos getrunken werden, die Kinder klettern lachend über die riesigen Steine im Fluss, und, und, und...

Die Blockhütte selbst ist der Sammelpunkt schlechthin. Hier treffen sich der Fuchs mit dem Hasen, Hinz mit Kunz, der Freund mit seinem Freundeskreis, die Familie mit der Verwandtschaft, der Nachbar mit dem Nachbarn und rein zufällig der ehemalige Abiturient mit dem früheren Klassenkameraden. Einheimische prosten den Urlaubern mit einer frischen Maß Bier zu. Bei der dritten Maß dann sind Fremde zu Freunden geworden. Fröhlich wird ein baldiges, weiteres Stelldichein im schönen Waldnaabtal beschlossen – im nächsten Sommer, gleicher Tag, gleiche Uhrzeit.

Ewig dreht sich das Wasserrad? Fast! Schnee und Eis bringen es regelmäßig zum Stillstand. Kalt lässt der Anblick niemanden.

Bei Bad Neualbenreuth

Ich komme vom Ende der Welt

Bilder einer Kindheit in Bayerisch-Sibirien

von Werner Fritsch

Ich komme vom Ende der Welt, die man die westliche nannte. Wenn wo Wälder schwarz sind, dann sind sie dort schwarz. Ich komme aus Bayerisch-Sibirien. Wo die Winter länger sind, die Sommer kürzer und die Gewitter lauter – als sonst in Deutschland

Das Theaterstück dieses Lebens wurde uraufgeführt im Schatten des Eisernen Vorhangs; bereit, jeden Augenblick herabzufallen, die Bühne zu zermalmen.
Mich, kaum im Leben, vom Kostüm aus Haut und Knochen zu befreien, die Welt -und was sie zusammenhält in meinem Waldbauernbubenkopf – in die Luft zu jagen: die sanft rauschenden Wälder, den leis murmelnden Bach, die blühenden Wiesen, die ich durchschritt mit bloßen Füßen. Im Wissen um Kreuzottern: Zickzack der Blitze auf den biegsamen Rücken. Schwänze, die im Tod noch zucken, bis die Sonne gesunken ist. Ohne Angst vor Blindschleichen, Kupfer auf dem Rücken, Silber am Bauch. Die ihre Schwänze abwarfen, wenn man sie zu fangen versuchte.
Im Abfall der Ahnen fing ich Feuersalamander. In durchgerostete Töpfe tat ich die zappelnden Tiere, die stumm um Hilfe schrien mit aufgerissenen Mäulern. Aus zerschlissenen Matratzen ragten Metallblumen, kaputte Kopfjoche für Ochsen, rostkrustige Kälbertränker, überzogen von Grünspan. Geschirr für Mensch und Tier. Leere Schneckenhäuser zuhauf. Zwischen Disteln und Brennnesseln Scherben zu Bruch gegangenen Glücks. Meiner Urmütter Stimmen ahnte ich im Rauschen der Wipfel. Die Stimmen der Urväter im Echo meiner Rufe.
- Wo leben die Toten?, fragte ich Gott.
- *Transsibirien,* sangen die Vögel.

Rauh war der Zungenschlag von Mutter Sprache, roh ihre Laute. Hundegebell hießen böse Leute dies eher als Sprache: *Road* hieß nicht Straße, *Road* hieß rot. *Toad* hieß nicht Kröte, *Toad* hieß tot. *Blowed* hieß nicht geblasen, sondern bloß Blut. *Grey* hieß nicht grau, *Grey* hieß Grün.

Roh war die Religion: Das Leben, laut der Mutter, nur eine Probe: „Die Welt – das ist nur so eine Bühne, Buben! Das Leben nur wie ein Theater!
Wo jeder gottergeben seine Rolle spielen muss – oder es holt ihn der Teufel! Es blühen Himmel oder Hölle auf ewig. Oder eine halbe Ewigkeit Fegefeuer ...“ – Das immerhin will ich schaffen! Falls es zur Heiligkeit nicht reicht ...
Heiliger werden, der Natur nah. Ein Heiliger wie der Heilige Franziskus, der Sprache der Vögel mächtig. Ein Heiliger, der seinen Reichtum dahingibt, um Frau Armut zu freien, wider Herrschermacht und Kirchenpomp sich empört, auf dem Totenbett noch die Schönheit der Schöpfung preist, die Erde als unser aller Mutter, Sonne, Sterne, Wind, ja den Tod als Schwestern und Brüder ...

Wie waren die Winter der Kindheit eiskalt und die Eisblumen an den Fensterscheiben wunderschön und die Schneewehen so tief, dass ich als Kind Angst hatte, im Schnee unterzugehen wie manch ein Unglücklicher im Sand der Sahara. Am Nachmittag des Heiligen Abends wurde mit roten Kugeln, roten Äpfeln, roten Kerzen, mit Lametta und Sternwerfern der Baum geschmückt, den mein Vater irgendwo im vom Schnee verzauberten Wald geschlagen und auf einem Schlitten, zusammen mit mir im Hanfstrick-Geschirr, heimgezogen hatte. Er gab uns, als wären wir selber unsere eigenen Pferde, Befehle ...

Der Wasserdruck unserer Quelle jenseits der Totenbretter war im Haupt-Haus so gering, dass es ihm kaum gelang, auch nur die wenigen Hähne im ersten Stockwerk mit Wasser zu versorgen; der Küchenherd war zu schwach, um genug Wasser zum Baden zu erhitzen. Immer wurde in Töpfen auf der Ofenplatte weiteres Wasser heiß gemacht und die Stiege hinaufgetragen und in die Badewanne geschüttet.

Der Eisenzylinder des Sägspänofens glühte rot im Bad, wenn mein Vater und ich in der Hocke im dann wieder zu heißen Wasser saßen und immer wieder probierten, ob wir jetzt unsere vier Buchstaben mit dem Badewannenboden schon in Berührung bringen könnten, ohne alles zu verbrühen, oder noch nicht.
Vorglühen nannten wir das.

Eis, Wasser, Finsternis

Immer, wenn das Wasser gurgelnd aus der Badewanne oder aus irgendeinem Waschbecken lief, hieß es: Das Wasser trinkt jetzt der *Wasser-Wuhwuh*, huhu. Ja nicht zu nah an die Weiher- und Bachufer, ja nicht zu nah ans immer wieder einbrechende Ufer der Wondreb: um ja nicht vom *Wasser-Wuhwuh* ins Wasser gezogen zu werden!
Zu Weihnachten war der *Wasser-Wuhwuh* oft untergetaucht in seinen Weiher-Kathedralen aus Eiskristallen, aber diese waren noch teuflischer und noch verbotener, solang nicht jemand Großes, mitunter auf Schlittschuhen, dabei war.

Auch wurde uns Kindern weis gemacht, dass die Tiere zur Geisterstunde in der Heiligen Nacht sprechen könnten.
Vor dem Baden jedoch hatte, wer am Heiligen Abend etwas zur Bescherung bekommen wollte, am Tag des Heiligen Abends die Specht zu füttern …
Es gab Verfolgungsjagden im Schnee: das Kind kam kaum vom Fleck, die *Specht* immer näher, man hörte sie die Sense wetzen und brüllen: Ich hab Hunger! Hunger! Zur Not fress ich auch Kinder! Kinder!
Ich hatte – wie auch bei seinen Auftritten als Nikolaus in rotem Mantel, mit Rauschebart und bemalter Papp-Gesichts-Maske – den Verdacht, dass es mein Vater sein könnte unter dem Stroh-Mantel, einen schwarzen Frauenstrumpf mit Augenlöchern vor dem Gesicht, ein rostiges Sensenblatt, im Laufen kreischend geschärft mit silbergrauem Wetzstein, in der Faust …
Ich rannte – unsicher, ob es nicht doch wirklich die *Specht* wäre – den eisglatten Weg zur Teerstraße empor, schlug hin, blutete aus der Nase, schrie: Ich bin brav! Ich bin brav!

Klosterbrücke Waldsassen

Die Genuss-Landkarte

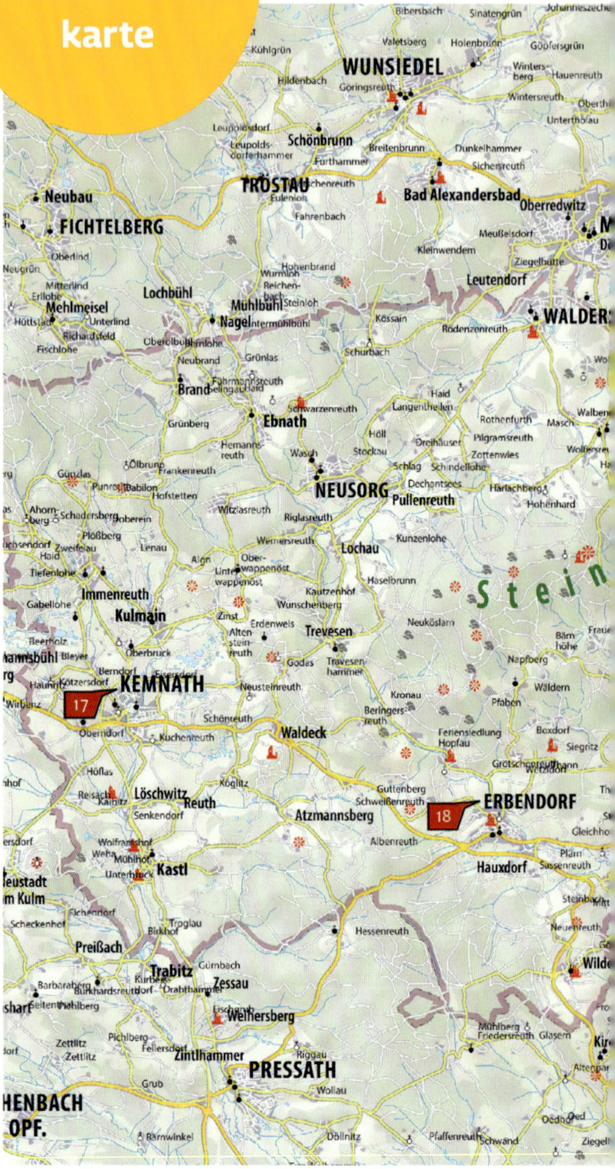

Essen Trinken Ausgehen

Ausstattung Design Architektur

Kunst Kultur Natur

ARZBERG
Röthenbach
Seußen
Brand
Höflas
KONNERSREUTH
WALDSASSEN
Kappl
Münchenreuth
Schottenhof
Neusorg
Hundsbach
Schloppach
Hatzenreuth
Groppenheim
Fockenfeld
Rosenbühl
Kondrau
Pleußen
Neupleußen
Großbüchlberg
Pechbrunn
Terschnitz
Pechofen
Kleinbüchlberg
Königshütte
Pfaffenreuth
Wernersreuth
Zirkenreuth
MITTERTEICH
Hungenberg
Leonberg
Dobrigau
Themenreuth
Großensees
Rothenberg
Oberteich
Großensterz
Kleinsterz
Wiesau
Schönfeld
Münchsgrün
Querenbach
Hardeck
Poxdorf
Panzen
Schachten
Bad Neualbenreuth
(Sibyllenbad)
Motzersreuth
Ottengrün
Ernestgrün
Altmugl
Egglasgrün
Rosall
Mähring
Pilmersreuth
Poppenreuth
Wondreb
Zimice
Großklenau
Großkonreuth
Redenbach
Hiltershof
Zeidlweid
Frauenreuth
TIRSCHENREUTH
Mätzersreuth
Dippersreuth
Griesbach
Lauterbach
Groppenmühle
Gründlbach
Kleinkonreuth
Marchaney
Brunn
Ahornberg
Asch
Falkenberg
Gumpen
Mooslohe
Lengenfeld
bei Tirschenreuth
Liebenstein
Stein
Schwarzenbach
Tannersreuth
Ellenfeld
Beierfeld
Wendern
Holzmühle
Honnersreuth
Erkersreuth
BÄRNAU
Hohenthan
Thanhausen
Naab
Schönficht
Beidl
Schönkirch
PLÖSSBERG
Wildenau
Wurz
Püchersreuth
Altglashütte
Hirschberg
Hildweinsreuth
St. Ötzen
Lipová
Palic
Milkov
LÁZNE KYN
Stará Voda
Výsoká
Mýtina
Branka
Obora
Halže
Ždár
Lesná
Písařova
Vesce
TSCHECHIEN
A93
B299
B15
10
3
4
16
6
8
22
11
14
9
23
7
15
2
12
13
1
21
5
19
20

Autoren

Ulla Britta Baumer, geboren in Waldsassen, war 20 Jahre lang leitende Redakteurin der Wochenzeitung Rundschau. Sie arbeitet als freie Journalistin, Lyrikerin und Schriftstellerin. Hobbys: Nachdenken über Gott und die Welt, Freiheit, Ehrlichkeit, Menschsein und das Leben.

Wolfgang Benkhardt ist für den Landkreis Tirschenreuth Desk-Chef beim Verlagshaus Oberpfalz-Medien. Der in Weiden i. d. OPf. geborene Lokalredakteur wohnt mit seiner Familie in Erbendorf am Fuß des Steinwalds. Das Erkunden der eigenen Heimat ist für ihn der schönste Ausgleichssport zum stressigen Presseberuf. Seit Ende der 1990er Jahre versucht er, als Autor und Herausgeber von heimatkundlichen Publikationen sowie historischen Theaterstücken auch andere für die Besonderheiten der Region zu begeistern. 2009 hat er im Buch- und Kunstverlag Oberpfalz das Buch „Der Zoigl – Bierkult aus der Oberpfalz" veröffentlicht.

Rainer Christoph war von 1988 bis 2009 Schulleiter in Bärnau und Altenstadt a. d. Waldnaab. 1996 gründete er den Förderkreis D-CZ Schulen, der 2009 in den Förderverein Goldene Straße umgewandelt wurde. Seit 1990 betreibt er eine ausgiebige Erforschung der Goldenen Straße und der europäischen Landbrücke Kaiser Karl IV. von Breslau nach Luxemburg. Der Autor ist Initiator und Mitherausgeber zahlreicher Buchveröffentlichungen und Fachartikel. Auszeichnungen: EUREGIO EGRENSIS KULTURPREIS (2001), Brückenbauerpreis des Bayerisch-Böhmischen Kulturzentrums Schönsee (2008) und Kulturpreis des Bezirks Oberpfalz für grenzüberschreitende Kulturarbeit (2016).

Werner Fritsch wuchs im Stiftland auf wohnt in Berlin. 1987 erschien sein vielbeachteter Roman CHERUBIM. Zu seinen zahlreichen Stücken gehören CHROMA, BACH und WONDREBER TOTENTANZ sowie die Monologe SENSE, NICO. SPHINX AUS EIS und DAS RAD DES GLÜCKS, die auf der Bühne, für den Rundfunk oder fürs Kino realisiert wurden. Außerdem veröffentlichte er Prosa und drehte u.a. die vierteilige Filmreihe FAUST SONNENGESANG. Auszeichnungen (Auswahl): Robert-Walser-Preis, Hörspielpreis der Kriegsblinden, Else-Lasker-Schüler-Preis. Hörspiel des Jahres 06, ARD-Hörspielpreis und deutscher Hörbuchpreis 08 (je für das Hörspiel ENIGMA EMMY GÖRING); Bayerischer Literaturpreis (2016). Werner Fritsch ist Mitglied des PEN-Clubs und der Bayerischen Akademie der Schönen Künste.

Barbara Habel wuchs im Stiftland auf. Sie studierte Museologie, Geschichte und Vergleichende Kulturwissenschaft in Würzburg und Regensburg. Seit Oktober 2018 leitet sie die damals neu gegründete Museumfachstelle der IKom Stiftland und betreut in dieser Funktion die Museen im gesamten Landkreis Tirschenreuth.

Belinda Hoyer stammt aus Waldsassen und ist studierte Tourismusmanagerin (VWA). Für die Ferienregion Stiftland arbeitet sie als Projektmanagerin im Tourismus. Nebenberuflich ist sie als ausgebildete Yogalehrerin tätig. Über ihren Yoga-Weg hat sie im Jahr 2021 ein Buch veröffentlicht.

Hans Klupp ist Teichwirt im Haupterwerb, Ehrenvorsitzender des Fischerzeuger-Rings Oberpfalz und Gründer der ARGE FISCH.

Manfred Knedlik ist Germanist und Bibliotheksreferent beim Historischen Verein für Oberpfalz und Regensburg, seit 2016 assoziierter Wissenschaftler an der Arbeitsstelle für Literatur in Bayern an der LMU München. Er veröffentlichte etliche Beiträge zur bayerischen Literatur- und Kulturgeschichte.

Christian Malzer studierte Geschichte und Politikwissenschaft an der Universität Regensburg. Zu seinen Forschungsschwerpunkten zählt u.a. die Geschichte des Zisterzienserordens, klösterlicher Kulturlandschaften und ihrer Nutzung sowie monastische Bibliotheksgeschichte. Er ist u.a. wissenschaftlicher Beirat im Projekt Cisterscapes. Seit dem Abschluss seines Bibliotheksreferendariats im Jahr 2019 ist er als Fachreferent für Geschichte, Leiter des Digitalisierungszentrums und der Altbestandsabteilung an der Universitätsbibliothek Würzburg tätig.

Cornelia Müller studierte Architektur und kehrte 2014 nach ausgedehnten Bildungsreisen zurück in ihre Heimat Oberpfalz. Als Heimatentwicklerin, Netzwerkerin, Architektin, Kräuterpädagogin und Autorin bringt sie Projekte im Stiftland und im Steinwald mit Leidenschaft voran und begeistert damit auch andere.

Der Filmemacher und Dipl. Kommunikationsdesigner **Jürgen Neumann** hat in Waldsassen seine Kindheit und Jugend verbracht. Nach einer Ausbildung zum „Staatlich geprüften Dekorentwerfer" an der Fachschule für Porzellan, Selb, studierte er Kommunikationsdesign in Augsburg. Seit 2001 arbeitet er als Filmemacher und Autor beim BR Fernsehen für die Magazinsendungen „Wir in Bayern" und „Zwischen Spessart und Karwendel". Er lebt mit seiner Familie in Augsburg, ist aber gerne und oft auf Drehreise in der Heimat, dem Stiftland, unterwegs.

Dr. Josef Paukner ist Volkskundler. Er konzipiert freiberuflich Museen und Ausstellungen. Im Landkreis Tirschenreuth hat er das Oberpfälzer Fischereimuseum, das Museumsquartier Tirschenreuth und das Museum Flucht – Vertreibung – Ankommen in Erbendorf konzipiert.

Dr. Andreas Peterek ist seit 2006 Projektleiter im Geopark Bayern-Böhmen, Parkstein. Seit vielen Jahren veröffentlicht der Diplom-Geologe sowohl in internationalen Fachzeitschriften als auch in populärwissenschaftlichen Büchern Beiträge zur Geologie und Reliefgeschichte Nordostbayerns. Ein weiterer Schwerpunkt ist dabei das angrenzende Nordwest-Böhmen.

Dr. Georg Schrott, geboren und aufgewachsen in Waldsassen, arbeitet als Lehrer an einem Gymnasium in Hattingen/Ruhr. Wissenschaftlich gilt sein Hauptinteresse der frühneuzeitlichen Kulturgeschichte süddeutscher Stifte. Er kuratierte verschiedene Ausstellungen in der Provinzialbibliothek Amberg und ist Mitorganisator der Oberpfälzer Klostersymposien.

Wolfgang Würth arbeitet seit 2008 als Redakteur bei Oberpfalz Medien in Weiden, zuvor hat er Volkswirtschaftslehre und Soziologie an der Uni Regensburg studiert. Privat ist er gerne mit dem Rennrad oder dem Mountainbike in der Oberpfalz unterwegs.

Paul Zrenner wuchs in Waldsassen auf und ist eng mit dem Stiftland verwurzelt. Bereits seit 1987 ist er Redakteur bei Oberpfalz-Medien und journalistischer Begleiter des Geschehens im östlichen Landkreis Tirschenreuth. Seine Freizeit gehört seiner Familie und dem Singen im Chor der Basilika Waldsassen. Daneben unternimmt er gerne Rad-Touren in die bayerisch-böhmische Region.

Kernteam

Dr. Oliver van Essenberg, Jahrgang 1970, lebt und arbeitet als Publizist in seiner Geburtsstadt Nürnberg. Er studierte Germanistik mit Schwerpunkt Journalistik an der Universität Bamberg und promovierte in Literaturwissenschaft. Anschließend war er in einer Werbe-Agentur mehrere Jahre lang als Chefredakteur mit Kundenmagazinen und Mitarbeiterzeitschriften betraut. 2009 konzipierte er die Buchreihe „Lebensart genießen" und gründete dafür den selekt Verlag. Auf den ersten Band zur Region Bamberg folgten sieben weitere Titel in der Reihe, und zwar zu den Regionen Nürnberg, Würzburg, Bayreuth, Fichtelgebirge, zu Frankens Spezialitäten, Regensburg und dem Stiftland. In der Buchreihe konnte er seine vielfältigen beruflichen Erfahrungen und persönlichen Vorlieben zusammenbringen: Journalismus, Öffentlichkeitsarbeit, freiberufliche Kreativität, eine Spezialisierung auf Kunst und Kultur, die Lust am Sinnlichen.

Weitere Publikationen unter seiner Leitung sind: das Magazin „ZUKUNFT Fichtelgebirge" (seit 2015, Chefredakteur), das zweisprachige Publikationsprojekt „Hüben und Drüben – Franken und Böhmen für Entdecker" (2018, Chefredakteur), das Magazin „Fichtelspitze" (seit 2020, Verleger und Chefredakteur).

Lesen, Kulinarik und Musik sind die schönsten Abschweifungen im Leben des Genießers, die unbestreitbaren Sonnenseiten, die für ein gutes Leben unverzichtbar sind.

Der im Bereich „Fotografie mit Schwerpunkt Industriekultur" mit dem Kulturpreis des Bezirks Oberpfalz bedachte Amateurfotograf **Robert Christ,** Jahrgang 1971, lebt und arbeitet in Waldsassen. Als Prokurist in der Glashütte Lamberts hat er persönliche Verbindungen zur Industriekultur und dem industriellen Erbe der Oberpfalz. Fotografie ist seit Anfang der 2000er Jahre Robert Christs Hobby. Seine Bilder präsentierte er bislang auf verschiedenen Ausstellungen in Deutschland und Tschechien, u.a. im Schaufenster des Badehauses Maiersreuth, Waldsassen. Sein besonderes Augenmerk gilt der Industrie-Architektur und den Menschen, die in den Gebäuden arbeiten. Bevorzugt nimmt er auch die Oberpfälzer Landschaft, insbesondere das Stiftland, in den Fokus. Zudem ist er über mehrere Ehrenämter (u.a. als Vorstandsmitglied des Kunsthauses Waldsassen) fest mit seiner Heimat verbunden.

Robert Christ wurde als Fotograf mehrfach ausgezeichnet, die bislang höchste Auszeichnung erhielt er 2022 mit dem Kulturpreis des Bezirks Oberpfalz, für den sich neben Amateuren auch Profi- und Berufsfotografen beworben haben.

Für „Lebensart genießen – im Stiftland" steuerte Robert Christ mehrere stimmungsvolle Aufnahmen bei. Die Bilder des Buches, die eine Doppelseite einnehmen, stammen allesamt von ihm, zudem mehrere Motive aus der Glashütte Lamberts und die Landschaftsaufnahmen zu Werner Fritschs Beitrag auf den Seiten 224 bis 232.

Johannes Zrenner, Jahrgang 1992, ist Fotograf aus Waldsassen. Nach erfolgreicher Ausbildung zum Produktfotografen in Oberfranken und anschließendem Medienmanagement-Studium mit Schwerpunkt „digitale Medien und Journalismus" in Mittelsachsen kehrte er zurück ins Stiftland. Hier arbeitet er neben seiner fotografischen Tätigkeit als Projektmanager in einer Werbeagentur für Film und Kommunikation. An der Berufsschule Bayreuth gibt er bei Praxisseminaren seine Erfahrungen an angehende Fotografen weiter.

Zu den fotografischen Schwerpunkten zählt neben Reportagen vor allem die Werbe- und Industriefotografie im Rahmen von Werbekampagnen, oft mit Studioblitztechnik und aufwändigen Sets. Freie Projekte entstehen vermehrt auf Schwarz-Weiß-Film im Mittelformat – in der schnelllebigen, digitalen Welt mit ständiger Reizüberflutung bietet die analoge Arbeitsweise Entschleunigung und fordert die Konzentration auf das Wesentliche.

Die idyllische und facettenreiche Landschaft des Stiftlands dient dabei immer wieder als Ruhepol und Quelle der Inspiration – egal, ob durch den Sucher der Kamera oder auf dem Rennrad bei Touren durch die Oberpfalz und die westböhmische Region um Waldsassens tschechische Nachbarstadt Cheb/Eger.

Der Großteil der Fotos aus „Lebensart genießen - im Stiftland" stammt von Johannes Zrenner. Er hat die Bilder zu beinahe allen Adressempfehlungen arrangiert, die Rezepte fotografiert und viele Reportage-Fotos beigesteuert, so etwa zum Zoigl und der Stiftland-Küche, zur Basilika Waldsassen, der Sakrallandschaft und den Krippen sowie zu den Sagenbrunnen und den Geotopen.

Stephan Drescher, Jahrgang 1974, begleitet die Buchreihe „Lebensart genießen" und das Magazin „Fichtelspitze" von Beginn an. Der Kommunikationsdesigner mit dem Hang zur Typografie arbeitet in Bamberg an Magazinen, Büchern, Corporate Designs und Websites.
Ein Grundstein für die gestalterische Tätigkeit legte die Mitarbeit bei der Schülerzeitung – nein: Schulmagazin. Nach dem Studium in Nürnberg bleibt er Franken – mit einem Abstecher nach Greater London – treu und arbeitet für regionale Agenturen und Medienhäuser.

Seinen Kaffeekonsum redet er sich mit dem Argument schön, dass sich sich selbiger Trester hervorragend für den Gartenkompost eigne – Urban Gardening als Hobby, wie sich das für eine Stadt wie Bamberg eben gehört. Nebenbei noch stets auf der Suche nach einer von drei Katzen, typografischen Fundstücken und neuer Musik.

Impressum

Konzept, Redaktion, Porträttexte
Dr. Oliver van Essenberg

Fotos
Robert Christ (RC)
Johannes Zrenner (JZ)

Mitarbeit (Porträttexte der Seiten)
Ulla Britta Baumer (168)
Johanna Härtl (123)
Cornelia Müller (173)
Dr. Alexander Peterek (208)
Dr. Mariya Ransberger (34)
Michael Rückl (215)
Rainer Schmidkonz (172)
Eva Vogl (148)

Layout
Stephan Drescher
informations-design.de

Verlag
selekt
Wemdinger Str. 3
90451 Nürnberg
www.selekt.org
info@selekt.org

Mit freundlicher Unterstützung durch

Stiftland
Ein Geschenk für die Seele

Bildnachweise

Bildnachweise (Seite, Fotograf/Copyright, Platzierung)
1: RC, 4: IKom Stiftland, 7: RC, JZ (unten), 8: JZ (oben links), RC (rechts), Uwe Gaasch (unten), 10-11: RC, 13-16: IKom, 17: IKom, JZ (oben), 18-19: RC, 20: JZ, 21-22: Daniel Delang, 23: JZ (oben), Daniel Delang, 24: JZ (oben), Kerstin Matthias, 25: Lebkuchen Rosner, 26-27: Patricia Destro Gropengießer, 28: JZ, 29: AK Fotodesign, Stiftlandgriller, 30: Robert Reith, 31-32: Thomas Kujat, 33: Rosario García - Swallow / wikimedia commons, 34: Thomas Kujat, 35: Thomas Kujat, IKom (Mitte, unten), 36: JZ, 37: JZ, IKom (rechts), 38: JZ, 39: IKom, 40-42: JZ, 43: PeterBraun74 / wikimedia commons, 44-56: JZ, 57: Rosner, JZ (unten), 58: Josef Hagen, 59-61: JZ, 62-65: Cornelia Müller, 66-67: Agentur BEWEGTER-BLICK; 68-69: JZ, 70: JZ, Belinda Hoyer (unten), 71: Burg Falkenberg, 72-73: JZ, 74-75: Mühlenhof Mähring, 76-79: JZ, 80-81: RC, 82: Schönfelder / IGZ, 83: Porzellanfabriken Christian Seltmann (links), RC, 84: AK Historisches Handwerk, 85: Hamm, Tuchfabrik Gebr. Mehler, 86: Helmut Zagler / Hatico, 87: SCHOTT AG, 88: Hart Keramik, 89: Zehendner Keramik, 90: Ziegler Group, 91: Glashütte Lamberts, RC (rechts), 92: Horn Glass, 93: Ghost, 94-97: RC, 98-99: Tuchfabrik Gebr. Mehler, 100-101: Hatico / PURE, 102: Holger Riegel, 103: Walter Uhl, 104-105: sti:l Stahl Manufaktur, 106-111. JZ, 112: Ferdinand Sperber, 113: IKom, JZ (rechts), 114: JZ, Klaus Schicker (unten), 115: IKom, Ferdinand Sperber (u. links), 116: Kassecker / IGZ, 117: Ziegler Group, JZ (unten), 118-119: RC, 120: Guido Radig /wikimedia commons, 121: Thomas Kujat, 122: cisterscapes / Landkreis Bamberg, 124: IKom, JZ (unten), 123: Umweltstation Abtei Waldsassen, 125: JZ, 126: IKom (oben), JZ, 127: JZ, 128-129: Abtei Waldsassen, 130: Ferdinand Sperber, 131: JZ, IKom (unten links), 132: Ferdinand Spernber, IKom (unten), 133: JZ, Ferdinand Sperber (unten rechts), 134-135: JZ, 136-137: IKom, 138: IKom, JZ (unten), 139: JZ, IKom (Mitte rechts), 140: IKom, JZ (unten), 141: IKom, 142: Landesstelle für nichtstaatliche Museen in Bayern, 143: Landesstelle für nichtstaatliche Museen, Manfred Jahreiss (oben), IKom / Klaus Schricker (unten), 144: IKom / Klaus Schricker (links), Tourismuszentrum Oberpfälzer Wald, 145-146: IKom, 147: Landesstelle für nichtstaatliche Museen/Annette Kradisch, Stadt Waldsassen (unten), 148: Theres-Neumann-Museum, Ferdinand Neumann jun., Bildrechte bei Marie-Theres Neumann-Chromy (unten), 149: Markt Konnersreuth (oben), Eva Vogl (Mitte), IKom, 150-151: Geschichtspark Bärnau-Tachov, 152-153: IKom / Klaus Schricker, 154-157: JZ, 158: Karel Suster, Jeff Beer (unten), 159-160: Jeff Beer, 161: Jeff Beer, Sibylle Hoessler (unten), 162-163: Susanne Neumann, 164: JZ, 165: Susanne Neumann, 166: Jürgen Neumann, 167: RC (oben), Badehaus Maiersreuth e.V., 168: Ulla Britta Baumer, 169: Jürgen Kleinl (oben), RC, 170-171: JZ, 172: IKom, 173: HeimatUnternehmer, 174: Ackerbürgerhaus Bärnau, 175: Archiv der Stadt Bärnau, JZ (unten), 176: IKom, 177: JZ, privat, 178: Matthias Kunz / mk lichtbild, 179: Archiv Peter Slezak, Brück & Sohn Kunstverlag, 180: Familien-Archiv Petra Matejková, 181: IKom, 182: JZ, 183: Manfred Jahreiss, 184: IKom (oben), Sibyllenbad, 185-187: Sibyllenbad, 188-189: Syo van Vliet / Ghost, 190: Elias Neumann / Ghost, 191: Ghost, 192: Elias Neumann, 193: Jens Staudt / Ghost, 194-197: Irmo Keizer / Ghost, 198: MTB-Oberpfalz, 199: Stadt Tirschenreuth, 200: Saller, Stadt Tirschenreuth (rechts), 201: Florian Miedl, Matthias Kunz / mk lichtbild (rechts), 202-203: Matthias Kunz / mk lichtbild, 204: JZ, 205: IKom, Matthias Kunz / mk lichtbild (unten), 206: JZ, 207: IKom, 208: JZ, Matthias Kunz / mk lichtbild (rechts), 209: IKOM, JZ (unten), 210-214: Agentur BEWEGTERBLICK, 214: Egerer Waldhäusl, 215: Michael Rückl, Lubor Ferenc / wikimedia commons (unten), 216-217: Luciano's Welt, 218: IKom, 219: Christopher Beyer, 220: IKom, 221: JZ, Ferdinand Sperber (unten), 222: IKom, 223: JZ, RC (unten), 224-231: RC

Der Fichtelgebirgs-(Ver)Führer

Eine bodenständige und feine Küche, Spezialitäten, textiles Design, hochwertiges Porzellan, Spitzenleistungen aus Kunst und Kultur, eine sagenhafte Naturlandschaft mit vielen Sport- und Freizeitangeboten – all das trägt dazu bei, dass wir Lebensart genießen können. Das Fichtelgebirge ist hierfür prädestiniert.
Das Fichtelgebirgs-Buch der Reihe „Lebensart genießen stellt Besonderheiten der Region vor, die nostalgisches Flair und wegweisende Leistungen auf ganz spezielle Weise vereint. Das 2014 erstmals erschienene Buch wurde 2019 neu aufgelegt. Es zählt zu den erfolgreichsten Bänden der Reihe „Lebensart genießen" und wurde unter den Büchern über das Fichtelgebirge zu einem Bestseller.

Herausgeber: Oliver van Essenberg
Mit Beiträgen von: Eugen Gomringer, Ronald Ledermüller, Birgit Simmler, Wilhelm Siemen u.v.a.
304 Seiten, rund 500 Abbildungen
Preis 19,95 Euro